KB090949

면접관을
1분 안에
사로잡는
면접의**신**

면접관을 1분 안에 사로잡는

면접의 신

1쇄 인쇄 2018년 1월 19일 **1쇄 발행** 2018년 1월 25일

지은이 신동석
펴낸곳 글라이더 **펴낸이** 박정화
편집 김송이 **디자인** 디자인뷰 **마케팅** 임호

등록 2012년 3월 28일 (제2012-000066호)
주소 경기도 고양시 덕양구 은빛로43(은하수빌딩 8층)
전화 070)4685-5799 **팩스** 0303)0949-5799 **전자우편** gliderbooks@hanmail.net
블로그 http://gliderbook.blog.me/
ISBN 979-11-86510-52-0 13320

책값은 뒤표지에 있습니다.
잘못된 책은 바꾸어 드립니다.

이 도서의 국립중앙도서관 출판예정도서목록(CIP)은 서지정보유통지원시스템
홈페이지(http://seoji.nl.go.kr)와 국가자료공동목록시스템(http://www.nl.go.kr/
kolisnet)에서 이용하실 수 있습니다.(CIP제어번호: CIP2018001420)

글라이더는 존재하는 모든 것에 사랑과 희망을 함께 나누는 따뜻한 세상을 지향합니다.

면접관을 내 편으로 만드는 110가지 방법!

면접관을 **1분** 안에 사로잡는

면접의 신

A MASTER OF AN INTERVIEW

신동석 지음

글라이더

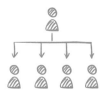

면접관을 1분 안에 사로잡기 위해서는 지체遲滯할 수 없습니다. 지금부터 1분 동안 아래의 질문에 답을 해보세요.

질문① 희망연봉을 말해 보세요.
질문② 술은 잘 마시나요?
질문③ 본인의 성격에서 장점을 말해 보세요.

누군가가 당신에게 이러한 질문들을 면접장이 아닌 장소에서 갑작스레 묻는다면, 어떻게 답변을 하시겠습니까? 어쩌면 우리는 그동안 면접이란 특수한 상황을, 1차원적 접근방식으로 쉽게 생각했던 것이 아닌가 싶습니다.

본래 면접이라 하면 각 인재들의 경쟁력을 매겨서 우수한 인재를 가려내기 위함이었을 것입니다. 내가 가진 장점을 그들도 가진 것처럼, 내가 하는 말 또한 그들의 말이 될 수 있다는 점을 우리는 인지해야 합니다.

자, 그렇다면 ①번 질문에서 귀사의 내규에 따르겠다고 답변했습니까? 그렇다면 ②번 질문에서는 잘 마시진 못하지만 술 마시는 분위기를 좋아한다고 답변했습니까?

그렇다면 ③번 질문을 듣고 성실함, 책임감, 꼼꼼함, 사교성을 먼저 언급했습니까?

위의 답변들은 사실 크게 잘못된 것이 없습니다. 오히려 당연히 해야 할 답변입니다. 그러나 남들의 답변과 차이가 없다면 얘기가 달라집니다. 앞으로 계속 나오겠지만 면접에서의 질문은 반드시 의도에서 비롯된다고 할 수 있습니다. 이 책은 그동안의 뻔한 답변을 거부하는 마음에서 시작된 책입니다. 이 책을 통해 여러분의 잠재력이 왜곡되지 않도록 최선을 다해 연마하길 바라며, 여러분의 면접 합격을 기원합니다.

"꿈은 이루어집니다!"

2018년 1월

신동석

경고!

이 책은 면접자를 위한 안내서입니다. 책에 언급된 내용을 모두 외웠다고 해서, 실제 면접에서도 무조건 성공한다는 생각은 금물입니다

이 책은 질문의 유형, 답변의 방식은 물론 면접 상황에서 마주할 수 있는 여러 상황들을 정리하고 조언하며, 해결 방법을 제시하고 있습니다. 또한 '무슨 답변을 해야 하느냐?' 보다는 '어떤 답변을 해야 하느냐?'에 비중을 두고 있으며, 즉시 적용이 가능한 매우 쉬운 방법들이 담겨 있습니다.

혹시나 이 책에서 언급하는 예시 답변만 고스란히 믿고 암기하여 자신의 여러 역량이 왜곡되는 일은 없길 바랍니다. 이 책은 일종의 가상 시나리오로서 실제 면접에서는 자신의 견해나 주관, 경험들을 풍부하게 덧붙여야 합니다. 이 책을 통해 더 완성된 자신만의 답변으로, 멋진 결과가 있기를 바랍니다.

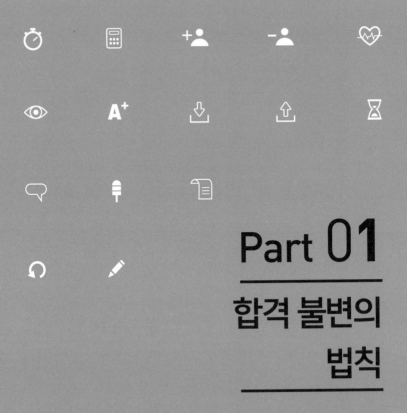

Part 01
합격 불변의
법칙

면접은 두되 싸움이 아닌, 심장의 싸움이다!

– 신동석

A MASTER OF
AN INTERVIEW

01
면접의 시간차 공격

📁 면접 1분 안에 승부하라

우리는 1분이란 짧은 시간동안 무엇을 할 수 있을까요? 그 이전에 1분의 위대함을 깨닫는 것이 먼저 중요합니다.

1분은 짧은 시간입니다. 하지만 우린 1분 동안 12번 전후로 눈을 깜빡이게 됩니다. 또한 우리 몸의 세포들은 1분 동안 600만 번의 화학 반응이 일어난다고 합니다. 1분 동안 250명의 신생아들이 세계 곳곳에서 태어나며, 1분 동안 지구에 360번의 번개가 내리친다고 합니다. 면접관을 1분 안에 사로잡는 면접의 기술 또한 더욱 경이로운 시간의 연속이라고 볼 수 있습니다.

대부분의 면접 지원자들은 면접장에 입장하기 전 1분 동안 가장 두려움을 느끼게 되고, 면접장 입장 후 1분간의 심장 박동이 최고치를 경신하게 되며 면접이 시작 된 후 1분 이내에 자기소개와 지원동기에 대해서 답변하게 될 확률이 70~80%가 됩니다.

이때 면접관들은 1분이란 짧은 시간동안 지원자의 외모(두발, 복장, 자세, 표정 등)를 5초 만에 파악하게 되고 호감지수를 스스로 결정하게 됩니다. 첫 질문에 답변하는 지원자의 말과 행동에 대해 동물적 감각을 기반으로 음성상태, 반응하는 시간, 진정성, 적극성, 심지어 지원자 내면의 인성까지도 예측하고 분석할 수 있습니다. 대부분의 면접관들은 이미 면접자가 들어오는 모습(첫인상)과 인사를 하는 순간 절반의 평가는 이미 마쳤다는 걸 잊지 마세요.

면접이란 무엇인가?

면접은 1분간의 미팅Meeting 과 1분 이후의 인터뷰Interview로 구성되는 인재확인 작업이라고 새롭게 정의할 수 있습니다.

주어진 1분 동안 호흡불량에 의한 떨림이 나타나는 사람부터 시선공포, 생각의 백지화, 미흡한 표정관리 및 지원자 자신이 의도하지 않은 여러 현상들이 나타날 수 있습니다.

이 책에선 그 짧은 순간에 좌우되는 여러가지 면접의 실체에 초점을 맞추고, 시간대비 더 높은 경쟁력을 갖출 수 있도록 방법을 제시하고 있습니다. 그 어떤 면접관이라도 우리를 마주치는 순간부터 비교 우위적 호감을 느낄 수 있고, 이후의 연속적인 질문들에 의해 우리가 찾던 인재임을 거듭 확신할 수 있도록 해야 합니다.

또한 여기에 제시되는 수많은 프로그램은 일반적인 면접 지도 방식과 분명한 차이를 두고 있습니다. 지원자의 입장, 면접관의 입장, 경쟁자들의 입장, 이 시대가 추구하는 인재상 등에 대해 다각도로 접근하고 있으며 인재들의 안목 형성을 위한 프로그램들로 구성되어 있습니다.

지난 2011년 공주대학교 도서관 사서를 모집하던 시절 한 청년이 제게 찾아왔습니다. 당시 경쟁률이 67:1 이라고 말하던 청년은 한편으로 포기한 모습마저 보이고 있었습니다. 그때 저는 그 청년에게 이렇게 제안했습니다.

"그들과는 전혀 다른 작전으로 도전 해봅시다!"

그때 시도 되었던 프로그램의 상당수가 지금 이 책에 포진布陣 되어 있습니다. 그 방법은 사실상 간단했습니다.

그 후 그 청년은 기쁜 목소리로 합격 소식을 전해 왔고 그때 당시에 검증을 마친 이 프로그램은 오늘날에 이르기까지 연간 수백 명의 합격자들을 탄생시키고 있습니다.

이후 접하게 될 4대노선법, 3연기법, 1:3법칙 등 면접 역사상 누구도 시도해 본적 없는 이 방법들은 당시 활용되었던 대표적인 면접의 기술이며 노하우입니다.

면접관을 1분 안에 사로잡는 것이 가능하냐고 묻는다면 저는 자신 있게 "Yes!"라고 말할 수 있습니다. 다만 면접이 기술만으로 승부할 수 없다는 것은 누구나 동의하지만, 이 책의 방법들을 차근차근 숙지해가며 다른 지원자보다 진정성을 갖춘 가슴 따뜻한 인재로 거듭난다면 충분히 가능한 일입니다.

면접관들은 우리가 왜 왔는지 궁금해 합니다. 그 답변이 지원동기입니다.

면접관들은 누군가에게 성장과정을 묻습니다. 인정과 사랑을 받고 자란 사람인지, 회피하며 의존하는 사람인지 파악하기 위함입니다.

공백 기간에 대해서 물을 수 있습니다. 그 시간동안 무엇을 했는지도 중요하지만, 시간을 허투루 쓰는 사람을 가려내고 있을지도 모릅니다. 이처럼 모든 면접 질문들은 의도와 관련이 있습니다. 면접 지원자는 불가피하게 단답형 답변을 제시하게 되면서 마치 면접장이 아니라 퀴즈를 풀고 있는 모습도 연출하게 됩니다.

면접은 대화하는 시간입니다. 우리도 평소 대화를 나눌 때 상대방의 심리상태가 불안정한 모습인가? 여유 있는 모습인가? 이 정도는 구분할 수 있습니다. 면접관들도 그러합니다. 그들이라고 해서 대단한 촉을 가진 초능력자가 아닙니다. 오히려 수많은 지원자들이 더 여유있고 편안하게 말하기를 바라는지도 모릅니다.

어느 개그맨이 자신의 면접 시험 이야기를 한 적이 있습니다. 다른 사람들과 달리 시험장에 들어서자마자 심사위원들이 나가라고 하더랍니다. 그 개그맨은 상심하여 풀이 죽었지만, 이후 합격 소식을 듣게 됩니다. 다소 이해 할 수 없었던 그 이유를 훗날 심사위원에게 물었더니 이런 이야기를 듣게 되었습니다.

"야, 너는 들어오는 순간 웃겨서 나가라고 한 거야!"

그 개그맨은 합격 후 게임소리, 전자음 등 특유의 재능을 발휘한 인물이 됩니다. 심사위원들은 그 개그맨을 파악하기까지 그리 오랜 시간이 걸리지 않았다고 합니다.

많은 사람들은 그 개그맨의 얼굴이 너무 웃게 생겨서 가능했다고 생각하지만, 사실 그는 자신만의 확신과 근성, 창의적 접근, 즉시 시도하는 투지와 노력이 남달랐던 것입니다.

📁 면접관을 1분 안에 사로잡는 면접의 기술

1분이란 시간은 실감할 수 없는 막연한 시간으로 느껴질 수 있지만, 면접장에 입장하는 순간부터 착석하여 말하기까지의 여러 순간들이 될 수 있습니다. 이러한 순간 속에서 반응, 발성, 이미지, 논리, 주관, 가능성이 마구 표출되게 됩니다.

지원자는 주어진 시간동안 인정받기 위해 최선을 다 할 것이고, 면접관은 주어진 시간동안 가려내기 위해 최선을 다 할 것입니다. 여기서 주어진 시간이란, 면접관을 1분 안에 사로잡는 면접의 기술이 적용되는 시간입니다. 실제 면접을 20분~30분 치른다 해도 마음의 기울기는 이미 정해져 있는 것입니다. 적극성과 전문성, 그리고 구분된 가능성을 지닌 남다른 인재라면 입장하는 순간부터 주목 받게 되는 것, 그것이 성공적인 면접입니다.

　면접의 목적이 무엇이냐고 묻는다면 이렇게 답변해도 좋을 것입니다. 면접은 떨어뜨리기 위한 시간이란 것이라고 말입니다. 이렇듯 면접이란 것이 창과 방패의 대결과도 흡사하니, 뚫으려 애쓰고, 막으려 애쓰는 과정에서 진정 강인하고 날카로우며 묵직한 창들만이 실전에 투입된다고 볼 수 있겠습니다.

　자, 그렇다면 여러분은 어떠한 창인지 한 번 묻고 싶습니다. 면접관이라는 방패를 뚫을 수 있는 예리함과 무게감, 속도감을 갖췄는지를 말입니다. 여러분 앞에 앉은 면접관들은 우리의 인생 전반의 과정에서 보면 작은 문제들에 지나지 않을 것입니다. 어떻게 보면 우리가 늘 겪어가는 일상적인 문제들 중 하나일지도 모르는 일입니다. 이 같은 문제들은 과거나 현재, 앞으로도 겪게 됩니다.
　이 말은 바로 여러분이 면접에서 좋은 성과를 낼 수 있건 없건 언제나 그 위치에서 많은 이들을 옥죄어가며 불편함을 제공할 것이라는 뜻입니다. 아무리 그들이 편하게 말하라고 해도 과연 편하게 이야기할 수 있을까요? 따라서 변해야 하는 것은 단연 여러분 본인이 되어야 합니다.

여러분은 더 과감하고, 더 안정되고, 더 빠르고, 더 확실하게 변해야 합니다. 넓은 안목으로 면접 전반에서 적용할 수 있는 법칙들을 공부해가며 대적할 상대가 없도록 연마해야 합니다.

📁 고민 3종 세트를 부숴라!

면접 지원자들이 반드시 알아야 할 사항이 있습니다. 면접 지원자들은 단순하게 바른 자세, 바른 얼굴, 자신 있는 모습으로 답변하면 최선일 것이라고 생각할 수도 있지만, 이보다 더 중요한 것은 면접관이 어떤 의도로 질문한 것인지 그 의도를 파악하는 일입니다.

① 질문의 의도가 무엇인가?
② 다른 지원자는 어떻게 답변했을까?
③ 답변의 마무리는 어떻게 할 것인가?

앞의 법칙 중 ①번을 보면 질문 자체가 아무리 쉽고 간단할지라도 지금 이 질문이 정말 궁금해서 물어본 것이 아닐 수도 있다는 생각을 해야 합니다. 예를 들어 "집이 어딘가?"라는 질문이 나오면 사는 곳이 궁금해서 물은 것이 아닌 것 정도는 알아야 한다는 것입니다. 이력서에도 나와 있는 정보를 물어볼 이유가 사실상 없는 것이 아니겠습니까? 그렇다면 면접관은 무엇이 궁금한 것일까요?

그래서 여러 질문 중 그 의도가 의심되는 질문엔 앞서 밝힌 법칙을 응용하는 것이 최선입니다. 다시 정리하자면 질문 하나에 최소 세 가지 답변을 준비해야 한다는 결론이 나옵니다.

그렇다면 "집이 어딘가?"라는 질문에 대해 두 가지 답변 사례를 비교해 보겠습니다.

문제 답변 : "네. 수원에 삽니다."

모범 답변 : "네. 저는 현재 ①수원시에 거주하고 있습니다. ②회사까지는 대중교통으로 30분 정도 소요됩니다. ③그 누구보다도 출퇴근이 용이하다고 생각됩니다."

이 모범 답변을 통해 면접관의 의도를 간파했을 확률이 더욱 높아진다는 것을 알 수 있습니다.

그럼 "자네 술 좀 하는가?"라는 질문에는 어떻게 대답하겠습니까? 앞서 언급된 고민 3종 세트를 다시 한 번 주목해보기 바랍니다. 이러한 질문에 거의 대부분은 다음과 같은 답변을 하게 될 것입니다.

문제 답변 : "네. 저는 술을 마시는 것보다 술 마시는 분위기를 더 좋아합니다."

다른 지원자는 뭐라고 답변했을까요? 네, 맞습니다. 거의 대부분 문제 답변과 다를 바 없는 답변이 우선적으로 나왔을 것입니다. 술을 잘 마신다고 답변하면 지장이 있지 않을까 하는 생각으로 순간 생각해낸 답변이 술 마시는 분위기를 좋아한다고 했을 확률이 상대적으로 높았을 것이기 때문입니다. 또 한편으로는 자신의 대인관계나 교우관계가 원만하고 문제가 없다는 것을 간접적으로 전해야 한다고 생각했을 수도 있었을 것입니다.

그렇다면 모범 답안을 보시겠습니다.

모범 답변 : "네. 저는 ①주량이 소주 반 병 정도 됩니다. 어른들로부터 술을 배운 덕분에 ②아직까지 술을 마시고 실수를 하지 않았습니다. 만약 연일 회식이 있다 하더라도 더 밝은 분위기를 만들 수 있습니다. 또한 ③회식 또한 근무의 연장이라고 생각

합니다. ④튼튼한 체력과 정신력으로 다음날도 가장 먼저 출근할 자신이 있습니다."

위의 모범 답변에서는 세 가지가 아닌 네 가지가 등장했지만 매우 이상적이라 할 수 있습니다. 질문의 의도를 간파한 동시에 다른 지원자들보다 더 비교 우위적인 답변을 했기 때문입니다. 이처럼 지금까지의 자신이 답변이 혹시 너무 단순하지 않았는지, 너무 단답형이지 않았는지, 너무 자신의 위주로 말한 것은 아닌지 하는 생각들을 통해 더 뛰어난 답변들을 구사할 수 있어야 합니다.

한 마디로 정리하면 면접 시작부터 끝까지 제시되는 모든 질문의 의도를 고민해야 합니다. 면접관으로부터 받는 모든 질문에서 경쟁자들의 답변을 고민하시기 바랍니다. 마지막으로 자신의 답변은 마무리가 적절하게 되었는지 고민해야 합니다.

공격은 하나, 수비는 셋!

동네 축구 경기에서는 상대팀 공격수가 아무리 실력이 뛰어나다 하더라도 우리 측 수비수 한 명이면 방어가 가능할 수도 있습니다. 하지만 상대 선수가 세계적인 스트라이커인 호날두, 메시와 같은 괴물 공격수라 한다면 우리 측 수비수는 세 명이 달려들어야 하는 것과 같은 원리로 면접을 접근해볼까요?

면접 상황에서 주의 사항 중 하나는 면접관이 두 번 말하게 하지 않는 것입니다. 이를테면 "이름이 뭔가?"라는 질문에 "길동입니다"라고 대답하고, 이어서 "성은 뭔가?"라고 물어야만 "네. 홍 씨입니다"라고 대답하는 것이나 "전 직장에서 퇴직한 사유는 뭔가?"에는 "제 적성과 맞지 않아서 퇴직했습니다"라고 대답하는 경우를 말하는 것입니다.

면접장에서는 면접관의 가볍고 쉬운 질문이라 하더라도 정성껏 답해야 합니다. 면접관의 또 다른 불편한 질문이 이어지지 않는 것만으로도 해당 지원자의 업무 능력이 좌우되기 때문입니다. 그렇다면 올바른 답변의 모습을 보여 드리겠습니다.

"자네 이름이 어떻게 되나?"

"네, 제 이름은 홍길동입니다."

"전 직장에서 퇴직한 이유가 뭔가?"

"네. 저는 퇴직을 하던 당시 계약 만료와 더불어 더 나은 조건을 찾아야만 했습니다. 이 과정에서 회사 측과는 마찰이나 갈등이 발생하지 않았으며 함께 근무했던 동료들은 지금까지도 저를 응원해주고 있습니다. 제가 머물던 회사에 조금이라도 불이익을 주고 싶은 생각이 없었으므로 미리 인수인계 및 차선책 또한 마련해두고 퇴사하게 되었습니다."

Q=3A, 즉 질문 하나에 답변이 세 개 정도는 등장해야 답변의 완성도가 좌우되듯이 면접관의 의도를 늘 분석하고 질문을 일반적 답변으로 대응하지 않고, 질문자와의 언어적 충돌을 최소화 하는 감각을 키워 놓아야 하겠습니다.

📁 OZ의 마법사로 배우는 면접

면접과 〈오즈의 마법사〉는 상당히 밀접하다고 할 수 있습니다. 프랭크 바움의 〈오즈의 마법사〉는 1980~1990년대 TV시리즈로 더욱 유명한 작품이기도 합니다. 캔자스 농장에 살던 소녀 도로시가 여행하는 과정에서 여러 친구들을 만나게 되는데, 여기서 만난 똑똑한 허수아비, 무늬만 사자, 로보캅 사촌쯤 되어 보이는 나무꾼이 그 친구들입니다. 이들은 각자 자신의 요구사항을 들어줄 오즈의 마법사를 찾아 여행을 떠납니다.

그렇다면 오즈의 마법사와 면접이 어떤 관련이 있을까요? 바로 이 여행 과정이 면접과 닮은 부분이 많습니다. 허수아비의 지혜, 사자의 용기, 나무꾼의 마음, 도로시의 진로 같은 면접에서 필요한 필수 항목들을 이들은 사이좋게 찾아가고 있었던 것입니다. 또한 마법사를 만나는 과정은 더욱 면접의 중요성과 유사하다고 볼 수 있습니다. 허수아비가 만난 마법사의 모습이 달랐고, 나무꾼이 만난 마법사의 모습이 달랐고, 도로시가 만난 마법사의 모습이 제각각인데 이들은 자신이 보고 온 마법사의 모습만이 진실이라고 주장하는 것이 면접과 닮은 모습이기 때문입니다.

"마법사님은 악마의 모습이야."
"무슨 소리야? 마법사님은 천사 같은 아름다운 모습이라고."

그렇습니다. 그동안 우리는 누군가가 보고 들은 내용만을 맹목적으로 믿고 의지했는지 모릅니다. 그러나 면접은 그 자체가 새로운 상황이고, 특별한 상황이며, 새로운 환경입니다. 따라서 누군가의 주장에 현혹될 필요도 없으며 자신이 준비한 이야기들로 하여금 자연스럽고 과감하게 답변하면 되는 것입니다. 그 누구도 아닌 자신이 주인공이란 사실을 잊지 말아야 합니다.

📁 훈수가 필요하다

지금은 시간적 여유가 그다지 없으므로 장기를 둘 기회는 거의 없지만, 예전에는 형제끼리, 친구끼리 장기를 두는 일은 매우 흔한 일상이기도 했습니다. 필자 역시 예전에 다소 희한한 방식의 장기를 즐기곤 했습니다. 바로 초나라와 한나라 두 나라를 상대로 1인

장기를 두는 방식이었지요. 장기판을 180도 돌려가며 아군, 적군 역할을 직접 하는 것입니다. 처음에는 재미도 없고, 의미가 없다고 생각되었지만 이내 새로운 깨달음을 얻게 되었습니다. 바로 내가 나자신과 싸우는 과정에 다음 상황, 또 그 다음 상황을 계속 예측하게 된 것입니다. 그렇게 만들어진 습관은 오늘날 강사로 활동하는 데 큰 자원이 되었습니다. 뿐만 아니라 상대방과 이야기를 주고받는 과정에서도 상대방이 무엇을 물어볼지, 언제 물어볼지, 왜 물어볼지를 감지할 수 있게 되었지요.

다음 대화를 보고, 상황을 상상해 봅시다.

"○○씨는 캐나다에서 5년 이상을 지냈군요?"

"네, 그렇습니다. 저는 5년간 밴쿠버에서 어학연수를 했습니다."

여기서 문제입니다. 그렇다면 그 다음 질문으로 유력한 질문은 무엇이겠습니까? 그렇습니다.

"그럼 영어로 본인 소개를 해보겠습니까?" 아니면 "캐나다 생활 중 가장 어려웠던 것이 무엇이었나요? 또 그러한 어려움을 어떻게 극복했는지 말해보세요?" "우리나라와 차이점이 무엇인가요?" "어떤 계기로 유학을 선택한 것입니까?" 같은 특정 질문이 이어질 것입니다. 이처럼 연계된 질문들을 예측 및 대비해야만 합니다. 같은 답변이라도 그 공방이 유연하게 이어질 때 비로소 지원자의 신뢰감이 날개를 달게 되는 것입니다.

어릴 적 친구들과 장기를 둘 때 꼭 중간에서 훈수 두는 사람들이 있기 마련입니다. 재미있는 것은 이들은 평소에는 장기 두는 실력이 썩 좋지 않음에도 불구하고 훈수를 둘 때면 희한하게 기발한 묘수들을 생각해내곤 한다는 것입니다.

이는 다름 아닌 훈수의 법칙으로서 두 나라의 입장과 상황을 모두 볼 수 있는 시각이 열리게 되어 그 누구보다 더 뛰어난 묘수를 발휘 할 가능성이 높아진다 말할 수 있습니다. 그렇듯 면접관과 마주한 상황이라 하더라도 면접관이 무엇을 궁금해 할 것이며, 왜 물어볼 것이며, 무엇을 기대할 것이며, 어떻게 받아줄지에 대한 생각을 늘 동물적 감각으로 키워 놓아야 한다는 것을 의미합니다. 때로는 면접 상황뿐 아니라, 세일즈, 협상, 강의에서도 '훈수의 법칙'은 통하기도 합니다.

📁 면접을 구구단처럼!

어린 시절 우리는 마치 노래를 부르듯 구구단을 열심히 외워서 구구단을 암기할 수 있지만 갑작스런 상황에선 이따금 오답을 말하게 되는 경우가 있습니다. 특히 전혀 예상치 못한 상황이나 준비하지 않았던 상황에서는 이미 알고 있던 답을 제시하지 못하는 경우가 종종 발생하게 됩니다. 사실 면접에서 받게 되는 질문들 중 지원자가 정말 몰라서 답변을 못하는 경우보다는 심신이 준비되어있지 않은 상태에서 갑작스런 질문에 직면했을 때 본의 아닌 엉뚱한 답변을 하게 되는 확률 또한 높습니다.

이를테면 '칠팔에?'하고 구구단 질문을 받게 된다면 답변자는 얼떨결, 즉 무의식중에 '칠팔에 오십육'이라고 말하는 경우가 생겨납니다. 이 경우 그냥 답을 말할 때보다 묘한 든든함과 같은 자신만의 신뢰감이 형성되게 될 것입니다. 또한 이 방식은 정답에 가까워질 가능성이 높아지는 것입니다.

면접 상황에서도 마찬가지라 하겠습니다. 면접이라는 특수하고도 긴장이 흐르는 냉랭한 분위기 속에서 면접관들의 갑작스런 질문에 무턱대고 답변을 하게 되는 경우 자신이 의도하지 않았던 답변을 하게 될 확률이 생겨나므로, 질문 자체를 일부 복사하여 답변을 하는 메아리 화법을 구사하는 방법도 지혜로운 답변이 될 수 있습니다. 메아리 화법의 좋은 예는 아래와 같습니다.

Q : 언제까지 일할 수 있나요?

A : 네. 앞으로의 업무 계획을 말씀 드리겠습니다.

Q : 전 직장에서 자신의 성과는 무엇입니까?

A : 네. 주요 성과를 말씀 드리겠습니다.

여기서 주의해야 할 사항은 면접에서의 모든 답변에 적용해야 한다는 논리가 아닙니다. 예상 질문 이외의 갑작스런 질문에 있어서 적용한다면 유용할 것입니다.

📁 즉시 움직여라!

여러분도 아시다시피 면접은 능력지수도 중요하지만 매력지수도 상당히 중요합니다. 이미 면접을 겪어보신 분들은 아시겠지만, 면접 특성상 전혀 예측하지 못하는 상황이 간혹 생겨나기도 합니다. 예를 들면 자신의 취미 생활이 무엇이냐는 질문에 얼떨결에 노래 부르기라고 대답했다가는 불러 보라는 대답이 나올 수도 있습니다. 오디션 장소도 아닌데, 얼마나 당황스러운 상황인가요? 그렇다면 이렇게 예측하지 못한 상황에서는 어떻게 해야 할까요. 그렇습니다. 제일 좋은 방법은 즉시 시도하는 것입니다. 예상치 못한 상황에서의 도전은 오히려 기회가 될 수도 있기 때문입니다.

취미를 요가로 이야기한 면접자를 사례로 들어보겠습니다. 이에 면접관의 요가 동작을 보여 달라는 요구에, 이 지원자는 서서 어렵게 중심을 잡는 자세로 요가 시범을 보이게 되었고 다음과 같은 답변을 추가로 이어갔습니다.

"네. 중심 잡기가 매우 힘이 들지만 고객과 기업 사이에 지금처럼 중심을 잡으며, 더욱 유연한 업무 자세를 발휘하겠습니다."

실제 면접 상황에선 여러 상황이 발생하게 됩니다. 이러한 여러 상황이 누군가에게는 위기의 순간이 되기도 하지만 누군가에겐 기회의 시간이 되는 것입니다. 정리하자면 노래를 불러야 하는 상황이나 개인기를 보여줘야 하는 상황, 삼행시 같은 짧은 글짓기를 해야 하는 상황, 갑작스러운 상황 연기 등이 바로 이 기회의 시간이 될 수 있다는 것을 의미합니다.

📁 코브라에게 배운 교훈

뱀은 귀가 퇴화되었지만 소리를 느낄 수 있고, 진동에 매우 민감한 동물입니다. 또한 땅의 진동에 의해 먹이의 움직임을 읽을 수도 있으며, 공기 중의 떨림을 느낄 수 있기 때문에 큰 소리가 나면 반응합니다. 뿐만 아니라 뱀의 눈은 물체를 거의 보지 못하지만 먹이의 움직임은 확실하게 간파할 수 있다고 합니다.

이는 마치 면접과도 같습니다. 면접관은 지원자들의 답변 내용도 중요하지만, 신입으로서 기본적으로 갖춰야 할 열정과 패기, 젊은 이로서의 특유의 에너지를 갖춘 인재를 필요로 하고 있습니다. 하지만 정작 면접을 준비하는 지원자들은 오직 답변에만 비중을 두는 경우가 많습니다.

혹시 코브라들이 피리 소리에 맞춰서 좌우로 춤을 추는 광경을 본 적이 있으세요? 이 코브라들은 음악에 맞춰서 춤을 추는 것이 아니라고 합니다. 피리를 불 때 나오는 입김의 세기와 피리의 끝머리, 연주자의 발끝에서 비롯되는 여러 동작에 의한 이른바 경고성 반응으로서 우리가 보는 코브라는 전투태세를 갖추고 있는 것이죠. 하지만 보는 이들에겐 뱀이 춤을 추는 것으로 보일 수도 있습니다.

그렇다면 코브라 이야기를 면접에 적용시켜 보면 어떨까요? 실제 면접 상황에선 지원자 자신들이 준비한 답변들의 내용에 많은 비중을 두는 것이 사실이지만, 면접관들의 입장에선 지원자들의 답변 외의 다른 요소들도 눈여겨보고 있다고 볼 수 있습니다. 즉, 지원자의 발성, 말의 속도, 사투리, 강약 처리, 음색, 기타 지원자 개개인의 특성들을 함께 간파하고 있는 것이지요. 이를테면 훌륭한 답변을 했다고 하더라도 피죽도 얻어먹지 못한 것 같은 발성으로 작거나 힘이 없는 말투, 또는 마치 구구단을 암기하는 듯이 무미건조한 음성, 진심이 느껴지지 않는 무성의한 답변, 아무리 훌륭한 답변을 한다 하더라도 면접관들로부터 공감을 끌어내는 것에는 한계가 있습니다. 면접을 앞두고 특히 준비해야 하는 부분이 있다면, 자신의 평소 말투, 힘 조절, 속도 조절, 심지어 표정 조절마저도 충분히 연습 해둬야 합니다.

아무리 연습되었다 하더라도 실제 상황에선 누구나 떨리는 것이 당연하므로 주어진 시간과는 관계없이, 코브라처럼 자신의 감각을 일제히 활성상태로 키워 놓아야 한다는 사실을 명심해야 합니다.

📁 '나'는 내가 만든다!

혹시 여러분의 주변에도 이런 말을 자주 쓰는 분이 있지 않습니까?

"제가 사실 말주변이 없어서 자신이 없습니다."
"두서없는 얘기 들어주셔서 감사합니다."
"사람들 앞에만 서면 머릿속이 하얗게 돼요."

위에 제시된 말들을 스스로 자주 하게 되면 어떻게 될까요? 맞습니다. 결국 자신이 말한 대로 그대로 현실화되고 말 것입니다. 이유가 무엇일까요? 바로 '마인드 파워Mind power'라 불리는 마음의 힘 때문입니다. 예전 광고 문구 가운데 '생각대로 하면 되고'란 말이 있듯이 평소 자신이 했던 말과 습관들이 결국 자신의 모습이 되어 버리고 맙니다. 면접 상황으로 한번 생각해볼까요? 주어진 상황에 답변해야 하는 지원자들도 이 설정의 법칙에 해당된다고 볼 수 있습니다.

"저는 재치가 없어요."
"늘 자신감이 없습니다."
"무슨 말을 해야 할지 잊어 버려요."

이런 분들은 혹시 평소 자신을 약자로 인정하며 살아오진 않았나 생각해 보시기 바랍니다. 아직 자신의 진정한 실력과 능력을 파악해보기도 전에 자신을 스스로 약하게 만들었다면 문제가 크다고 할 수 있습니다. 이는 마치 옵션 설정과도 같다고 보면 됩니다. 어쩌면 우리는 우리 스스로에게 자신 없게 말하기, 작은 목소리로 말하기, 성의 없게 말하기 등을 설정해 놓았을지도 모릅니다. 이제 여러분은 자신의 가치를 스스로 믿어야만 합니다. 이제는 새로운 설정이 필요한 시기입니다. 다음과 같이 스스로를 설정해보시기 바랍니다.

①나는 사람을 두려워하지 않는다

②나는 여유와 재치가 넘친다

③나는 매우 쾌활하며 사교적이다

④나는 호감지수가 높으며 계속 진화한다

⑤나는 방법을 제시한다

⑥나는 모두가 부러워할 유머감각과 창의력이 대단하다

⑦나는 매우 특별하다

⑧나는 장점이 많다

⑨나는 내가 책임진다

📁 5초와 5분이 면접을 결정한다

여러분이 생각하기에 면접 시간은 과연 어느 정도가 적당하다고 봅니까? 이상적인 면접 시간은 대략 10분 이상에서 30분 미만입니다. 그렇다면 이 짧은 시간 안에 면접관들은 이상적인 인재를 선택할 수 있다고 생각하십니까? 결론부터 말하면 시간은 충분하다고 할 수 있습니다.

금쪽같은 남의 아들딸들을 그 짧은 시간 동안 어찌 평가할 수 있느냐고 하겠지만 같은 자리에서 여러 지원자들을 지속적으로 만나고 있는 면접관들은 적어도 그들의 특성을 감지하고 분석하는 능력이 동물적 감각처럼 발달하기 때문입니다. 반복된 일로 인한 초감각과도 같은 감각으로 면접관들은 복조리 쌀 골라내듯 인재를 구분하게 됩니다. 여러분이 면접 전 다음과 같은 사항을 명심해야 하는 이유가 여기에 있습니다.

① 평소 밝고 단아한 인상을 위한 표정 연습

고객을 상대해야 하는 영업, 서비스, 은행, 상담직 등

② 또렷하고 안정적인 시선 훈련

둘에서 많게는 열 명 이상의 면접관 대비

③ 인사말과 태도 하나하나에 정성을 담는다

그릇된 행동 하나와, 부적절한 말 한 마디에 의해 결과는 좌우된다

④ 듣고 싶어 듣는 것이 아닌 들을 수밖에 없는 음성을 연습

지원자의 발성은 지원자의 업무능력과 비례

⑤ 단정한 두발 상태와 깔끔하게 정돈된 복장 유지

입장 5초 안에 호감이 좌우된다

면접에서 중요한 점에 대해 누군가는 훌륭한 답변을 해야 한다고, 또 누군가는 좋은 인상을 갖춰야 한다고, 누군가는 재치를 갖춰야 한다고들 말합니다. 모두 틀린 말은 아니지만, 사실 면접에 있어

서 무엇 하나 소홀해서는 안 됩니다.

　면접을 앞두고 있다면 혹시라도 점수를 잃을 만한 요소들을 찾아내야 합니다. 자신을 냉정히 받아들이고 최단시간에 밝은 인상, 예의바른 태도, 과감하고 위풍당당한 에너지를 갖춰야 합니다.

02
상위 1% 합격을 위한 비결

📁 합격을 위한 자기소개

　면접에서의 자기소개는 서울 지하철역 노선도와도 비슷하다고 볼 수 있습니다. 어떠한 경로를 통해 온 사람인지, 누구와 함께 달려 온 사람인지, 앞으로 어떤 노선으로 이어질 사람인지에 대한 간략하면서도 쉽게 이해할 수 있으며 답변을 통해 진위여부, 확인, 면접관으로부터 그 밖의 여러 질문하기가 용이해지기 때문입니다. 따라서 많은 지원자들은 자신의 어떤 내용을 전달할지, 어떤 내용이 자신을 유리한 위치로 이끌어 낼 수 있을까 하는 딜레마에 빠지게 됩니다.

　그래서 필자는 면접 자기소개에 관한 대안을 제시하려고 합니다. 물론 상황이 면접이므로 한 마디 한 마디 중요하지 않은 정보는 사실상 없을 것입니다. 만약 여러분이 성장환경, 장단점, 전공,

경력, 차이점, 사건 중 어느 것 하나 버릴 것이 없는 난해한 상황에 직면했다면 지금부터의 정리 방법을 따라해 보시기 바랍니다. 물론 이 방법은 절대적이지 않으며 지원하는 부서나 기업에 따라 달라질 수 있습니다.

📁 자기소개 5단계 전략

① 인사말
- 안녕하세요.
- 안녕하십니까.
- 안녕하십니까, 면접관님.
- 다시 한 번 인사드리겠습니다, 안녕하십니까.
- 우선 면접의 기회를 주셔서 감사합니다.

② 슬로건(평소 자신만의 좌우명 등을 활용하고, 간단하게 방향성 제시)
- 역지사지 정신으로 살아가는 지원자 ○○○입니다.
- 최고 보다는 최선을 다하는 지원자 ○○○입니다.
- 걸어 다니는 열정의 소유자 ○○○입니다.
- 어제보다는 내일을 준비하는 △△팀, 지원자 ○○○입니다.

③ 자기소개

- ○○년 ○○과를 졸업 후, 2년간의 사회 경험이 있습니다.
- 모 기업에서 ○○같은 성과를 만든 사례가 있습니다.
- ○년의 외국생활을 통해 문화와 언어에 대한 습득은 매우 높은 편입니다.
- 업무 관련 자격증을 ○가지 보유하고 있으며, ○○를 이유로 이전 회사에서 퇴직하였습니다.
- 오는 ○월 졸업을 앞두고 있으며 사회경험은 부족하지만 여러 봉사활동의 경험이 많습니다.

④ 목적(함축형 지원동기)

- ○○기업에 지원하게 된 대표적인 이유는 바로 ○○라고 생각했기 때문입니다.
- 지원하게 된 결정적인 동기 또한 ○○ 입니다.
- 안정적인 기업이므로 지원한 것도 사실이지만 ○○가 있는 기업에 매료되었습니다.

⑤ 계획(공약과도 같은 포부)

- 꼭 합격하여 ○○기업에 필요 충분한 사원 중 한명이 되고 싶습니다.
- 기필코 합격하여 동료, 상사, 고객 모두에게 없어선 안 될 신

입이 되겠습니다.

- 반드시 좋은 성과를 만들어 그동안의 노력이 무색하지 않도록 달리겠습니다.
- 가장 오랫동안 초심을 지켜낸 사원이 되겠습니다.

면접에서의 자기소개는 자신을 PR하는 시간이기도 하지만, 자신을 위기로 몰아넣는 시간이 될 수도 있습니다. 만약 면접관들의 관심과 흥미를 얻었다 하더라도 답변 이후의 후폭풍 또한 감수해야 할 것입니다.

📁 한 눈에 들어오는 지원동기 만들기

면접관이 여러분께 지원동기를 묻는다면 어떻게 대답하겠습니까? 단순히 외운 답변을 줄줄 외는 정도에서 그칠 것인가요? 계속해서 강조하듯이, 모든 면접 질문에서는 의도가 있기 마련입니다.

지원동기를 통해 면접관은 직접적이든, 간접적이든 간파할 수 있는 사항들이 참으로 많다고 볼 수 있습니다. 먼저 여러분이 무엇을 하다 온 사람인지 알고자 물었을 것이고, 무엇을 할 수 있는 사람인지 확인코자 물었을 수 있겠으며, 업무를 맡겨 보아도 적합할지에 대한 의심으로 물었을 수 있으며, 자세, 표현, 표정, 목소리, 매너 등을 확인하기 위한 목적으로 물었을 수도 있습니다.

이를 쉽게 정리하자면 면접관은 여러분이 왜 왔는지를 묻고, 당신은 여기에 대해 답하면 된다는 간단한 논리라고 볼 수 있겠습니다.

그러므로 어떤 의도에서 물었던 질문인들 자신의 답변을 광범위하게 설정해서 답한다면 그들이 원하는 의도를 맞힐 가능성이 높아지지 않겠습니까? 단 필요 이상의 오랜 시간을 소모하며 답변하는 것은 주의를 받을 수 있으므로 45초미만으로 설정 해보는 것도 좋은 방법입니다.

이상적인 지원 동기를 분석해보면 크게 과거적 명분, 현재적 명분, 미래적 명분으로 나눌 수 있습니다. 이렇게 답변을 메워 나간다면 할 말은 걱정하지 않아도 될 것입니다. 과거로는 전공이나 사회 경력을 언급하고, 이에 대한 자신의 견해와 지원 대상의 일치 여부를 이야기하고 현재로는 일반적으로 쌓은 스펙이나 단점, 사상들을 이야기하며 직무에 대한 적합성을 이야기합니다. 또한 미래적인 부분에서는 지원 분야와의 상생은 물론 예상되는 성과나 기대효과를 말하는 편이 좋습니다.

자기소개나 지원 동기는 답변을 했다고 해서 성립되는 것이 아니라 그 이후에 마치 후폭풍과 같은 질문(압박)들이 줄지어 등장할 가능성이 높으므로 역지사지로 등장할 수 있는 여러 질문들까지도 대비해야 합니다.

두괄식, 즉 결론 위주로 답변하는 것도 중요하지만 답변의 마무리는 어떻게 할 것인가에 대해서도 지속적인 의식해야 합니다. 그 자체가 답변의 완성도를 좌우하는 것이며 이는 마치 축구선수가 한 명, 두 명 제치는 것과 같으므로 답변의 마무리는 비교우위적인 감각을 통해 완성도를 높이기 바랍니다.

📁 합격자, 그들만의 이유들

만일 여러분이 면접관이 되었다고 가정해보겠습니다. 게다가 성격도 아주 포악하며 완벽주의를 추구하는 면접관이며 결정적으로 그날따라 배우자와 대판 싸우고 출근한 면접관이라고 가정해 보는 건 어떨까요? 따라서 웬만한 인재는 눈에 차지도 않으며 상당히 못마땅한 몸과 마음으로 지원자들을 불편하게 만드는 아주 악랄한 면접관이 되어 있지는 않을까요?

그렇다면 지원자들을 불현듯 수긍할 수 있는 인재와 거부하고 싶은 인재로 양분화할 수 있을 것입니다. 이때 추구하는 최적의 인재로는 어떠한 지원자를 꼽을 수 있겠습니까?

그렇습니다. 여러분들은 그동안 면접을 앞두고 저마다 긍정적인 측면, 장점, 특화된 이력 등을 주 무기로 활용해왔는지 모릅니다. 그러나 면접관들에게 선택받는 방법들은 따로 있습니다. 여러분이 가진 무기는 다른 사람들도 가졌을지도 모르고, 해야 하는 말을 그들도 하고 있지 않겠습니까? 즉 같은 말이라도 비교, 경쟁, 모든 부문에서 앞설 수 있어야 한다는 뜻입니다. 이는 마치 청소년 시절 같은 반에 있는 이성 친구를 짝사랑하게 되고 속병을 앓고 있었지만, 그 친구를 좋아하는 사람이 나만이 아닌 것과 매우 유사한 이치로 볼 수도 있습니다. 그럼 합격자들이 가지고 있는 이유들을 연마하여 여러분 역시, 모든 부문에서 인정받는 합격자가 되길 바랍니다.

확실하게 합격하는 방법

- 첫인상에 목숨을 건다
- 간략히 말하는 단축화법의 숙지
- 안정적이고 따뜻한 이미지와 표정 유지
- 질문 하나 하나에 최대한 경청, 집중
- 면접 전 실패를 연연하지 않는 마음 정리
- 결론부터 말하는 두괄식 화법의 연마
- 면접관의 의도와 질문의 핵심에 집중
- 바른 자세, 바른 복장, 바른 두발
- 직장인다운 품위와 격조를 겸비한 언어
- 불량한 언어 습관에 대한 사전 점검
- 분명하고 반듯한 어미 처리
- 질문을 가리지 않는 과감성
- 불가피한 맞춤형 질문들의 대비

– 비관, 낙관이 아닌 매순간 긍정적이고 건설적인 답변

– 일관된 마음가짐으로 흥분은 금물

– 사례, 예화 등의 관련 화젯거리의 확보

– 퇴장하는 순간까지도 변함없는 최선의 모습 유지

어떻게 보면 위에 제시된 내용들은 당연한 내용일 수 있겠습니다. 하지만 당연한 것을 당연하게 해야 하는 지원자라면, 당연히 받아들이는 것도 당연하다는 결론을 내릴 수 있지 않을까요?

📁 합격자들의 네 가지 공통점

① 능력지수(specification)

관련학과 전공자, 성적 우수자, 수상경력 및 활동, 그리고 경험에서 앞서는 준비된 지원자를 일컫는 말입니다. 면접 과정에서 논란의 여지가 없을 만큼의 탄탄한 준비성과 안정성만으로도, 답변중 변명마저도 없을 정도의 지원자들은 사실상 가장 유력한 합격 후보자들이라고 평가할 수 있겠습니다.

② 능청지수(여유와 자신감의 소유자)

일반적인 지원자들에 비해 한층 더 여유 있는 답변과 특유의 여

유로움, 심지어 처세술마저 갖춘 지원자들을 일컫습니다. 빠른 위기대처 능력은 물론, 면접관들의 마음마저도 헤아릴 줄 아는 넓은 시야를 가진 지원자들이며 비록 같은 답변이라 할지라도 면접관들로부터의 흥미를 자극하고 관심을 독식하기도 하며 흔히 말하는 압박질문마저도 마치 태극권을 구사하는 듯 안정적인 답변에 능한 지원자들을 말합니다.

여러 지원자들을 상대해보며 느낀 점은 이러한 능청지수를 겸비한 지원자를 만나기란 결코 쉽지 않을 정도이며 이는 관계지향, 소통에 익숙하지 못한 세대들의 사회진출이 증가하는 만큼 그 폭이 확대되어가고 있다는 것을 의미합니다. 또한 이러한 유형은 면접관들로부터 신뢰받는 대표적인 유형중 하나입니다.

③ 매력지수 (거부할 수 없으며, 무시할 수 없는 지원자)

면접날 헤어스타일과 복장, 넥타이의 이상적인 모습에 대해 자주 질문을 받게 됩니다. 그렇다면 정녕 넥타이의 색상과 두발 상태, 기타 복장과 같은 요소들이 면접의 성패를 결정짓는 모든 것이라고 할 수 있을까요? 결론부터 말하면 두발을 필두로 한 복장과 기본적인 요소들은 사실상 면접이란 특수한 상황에 맞춰야 할 일차적인 예의범절이라 하겠습니다. 허나 그보다 더 중요한 것은 지원자 자신만의 의지, 열의, 개성, 그 밖에 특화된 장점들을 직·간접적으로 표현하고 연출하느냐 마느냐의 문제라고 할 수 있습니다. 연암 박지원의 한문소설인 허생전을 보면 가난한 선비의 모습으로도 부자 변씨를 찾아가 당당히 거금을 대출받게 되는 것을 알 수 있습니다. 물론 이는 소설 속 이야기지만 주인공 허생은 능청지수와 매력지수가 상당히 높은 인물로 볼 수 있습니다.

외모적 매력지수
- 모범적인 복장 상태
- 얼굴에서 나타나는 안정감
- 질문자에 대한 분명하고 적극적인 시선처리
- 질문의 유형에 맞춰진 다양한 표정
- 인사예절, 인사시간, 앉은 자세, 서있는 자세

음성적 매력지수
- 어쩔 수 없이 듣는 것이 아닌, 들을 수밖에 없는 명쾌하고 과감한 음성
- 안정적인 어조과 크기의 조화
- 핵심적 언어에 대한 강조 처리
- 지나치게 느리거나 빠르지 않는 안정적인 속도
- 말의 운율과 간격이 감정에 좌우되지 않는 안정감

내용적 매력지수

- 모르는 것을 모른다고 말하는 솔직함
- 위기 상황(압박질문)에도 포기하지 않고 풀어가는 자세
- 큰소리치기 보다는 가능성을 표출하는 인재

④ 애환지수(밝고 적극적인 사람이 기회를 잡는다)

여기서 애환은 사전적 정의처럼 삶의 희노애락을 모두 포함한 개념이 아니며 희비가 엇갈리는 표정의 경계를 의미합니다. 면접을 상견례 장소라고 표현한다면, 그 어떤 시부모와 장인, 장모님께서 얼굴에 그늘진 사위나 며느리를 쉽게 인정할 수 있을까요? 웃는 얼굴에 침 못 뱉는다는 옛말처럼 밝은 지원자, 밝은 지원자보다 희망에 찬 지원자, 희망에 찬 지원자보다 믿고 기회를 주고 싶은 지원자의 모습을 해야 할 것입니다.

📁 동물적 특성으로 보는 합격자

여기 네 마리 동물이 여러분을 위해 섭외되었습니다. 각종 직무, 직군, 직렬, 직책, 직종에 적합한 인재의 모습을 동물적 특성에 맞춰 설명해 보겠습니다. 여기서 등장한 동물은 단지 모델에 불과하므로 불필요한 오해나 억측은 삼가시기 바랍니다.

모든 직장은 직장에 맞는 인재가 필요합니다. 그렇다면 해당 직장에 딱 들어맞는 인재를 알아보겠습니다.

① 곰 형

곰 형 인재상의 가장 대표적인 특성은 바로 일관성입니다. 겨울잠 자야 할 때와 먹이를 찾아야 할 시기를 꾸준히 지키는 인재인 것입니다. 그들은 누가 시키지 않는다 해도 때가 되면 상사로부터 일관성만큼은 인정받는 모습의 인재들이기도 하며, 유통, 생산, 세무, 전산, 회계 등의 업무에 능하다고 볼 수 있습니다. 만약 당신이 열심히 노력하는 모습을 오랫동안 유지할 수 있다면, 당신은 곰 형 인재라고 할 수 있습니다.

② 여우 형

여우 형 인재의 가장 대표적인 무기는 계획성입니다. 전략, 작전의 대명사인 여우 형 인재는 오늘보다는 내일을 더 분석 하고 설계해야 하는 인재라고 볼 수 있겠습니다. 또한 일부일처제 생물체인 여우는 직장 유동성에 대한 의심을 잠식시키기 좋으며 새벽, 저녁 무렵에 활동을 즐긴다고 합니다. 이는 바로 남들보다 늘 한발 앞서 활동하는 여우의 특성처럼 꾀에 능한 인재를 표현해볼 수 있으며 마케팅, 기획, 총무, CS 등 관련 부서에 적합합니다.

③ 소 형

소 형의 인재상은 성과형 인재라고 볼 수 있습니다. 왠지 소라고 하면 느린 동물 같기는 하지만, 혹시 알고 계십니까? 소가 한번 움직이는 것만으로도 1년 농사가 좌우된다는 사실을 말입니다. 이처럼 사활이 걸린 업무나 경쟁력을 좌우하는 업무에는 소와 같은 인물이 필요합니다. 뚝심으로 밀어붙이는 저력으로 자신은 물론 집안까지도 먹여 살리는 능력은 소소한 업무부터 수주업무, Plant, 영업 등의 업무 등에 적합하다고 볼 수 있습니다.

④ 개 형

개 형 인재상의 단연 돋보이는 무기는 충성심입니다. 한 번 주인은 평생주인처럼 맹목적인 충성심을 발휘하는 인재들이 여기에 해당된다고 볼 수 있지요. 대우보다는 의리에, 돈보다도 의리에, 직장의 평화를 위해 오늘도 내일도 앞으로도 같은 직장을 지켜낼 수 있는 충성형 인재인 그들을 함부로 평가할 수는 없습니다. 상사가 믿고 의지할 수 있으며 심지어 상황에 따라 상사를 보호하는 업무마저도 이들에겐 사명이라고 볼 수 있겠지요. 국가공무원, 비서, 군인, 경찰 등은 물론 사실상 그 밖의 모든 직장인의 공통적인 인재상일 수도 있겠습니다.

📁 지원자들의 유형별 특성

면접관을 단 1분만에 사로잡는 지원자들은 상대적으로 기대치가 매우 높습니다. 표정, 목소리, 답변, 태도, 복장, 순발력 등 1분이면 충분합니다.

하지만 기대치가 높은만큼 유지할 수 있는 근성도 요구됩니다. 역설하면 단 1분만에 탈락의 무리에 해당되는 지원자들도 상당하다는 얘기이지요.

우선 여러분은 아래의 어느 유형에 해당되는지 살펴보시기 바랍니다. 아무런 사전 정보 없이 같은 조건으로 지원자들을 마주친 면접관, 그들의 입장에선 여러 지원자들의 첫 모습에 대해서 다양한 기대치로 구분하게 됩니다. 여기서 기대치란 각각의 사람마다 고유의 품성과 특성, 행동, 표정, 말투 및 자세 등으로부터 비롯되는 지원자 자신만의 첫인상과도 같다고 볼 수 있습니다. 누군가는 밝은 인상과 안정된 표정으로 면접관들로부터 같은 시간 속에서도 좋은 인상을 남기게 될 것이며, 누군가는 불안한 눈빛, 어눌한 말투로 시작부터 곤혹을 겪게 될 것입니다. 지원자들이 갖고 있는 제각각의 모습들은 면접관들로 하여금 기대심리를 자극하게 될지도 모릅니다.

지원자별 기대치의 기준

- A타입 : 웃는 얼굴과 3초 이상의 바른 인사, 면접관보다 큰 목소리, 빠른 반응
- B타입 : 필요에 의해 밝은 표정을 나타내며 면접관 음성과 같은 톤을 사용, 안정적 반응
- C타입 : 주변을 살피는 모습, 불안정한 인사와 작은 목소리 상대적으로 어두운 모습, 느림

B타입의 경우는 어찌 보면 매우 한결같은 모습의 지원자를 의미합니다. 다소 안정적인 모습이지만 그 오묘한 범주를 넘어서지 않으며 간결한 어투와 일정한 패턴을 유지하며 위험성, 모험성, 반전성을 기대하긴 어려우나 그 궤도를 벗어나지 않는 것이 대표적인 특성입니다. 인간적 따스함이나 포근함의 한계가 나타나며 유머 감각이나 재치형 답변에도 많은 기대를 할 순 없을 것이라 봅니다.

다소 보수적인 면접관들을 상대할 땐 그 어떠한 유형의 지원자보다 더욱 안정적인 모습을 띄게 될 것이며 중책과도 같은 직무라면 오히려 더욱 신뢰받게 될 유형이기도 하겠습니다. 문제는 B타입의 경우 시간의 흐름에 따라 얼마나 일정한 능력을 발휘 하느냐가 관건입니다.

이 유형이라면 전산이나 회계, 연구직, 프로그래머, 관리직 등이

유리할 수 있습니다.

　C타입은 일명 뒷심형 지원자를 일컫고 있습니다. 물론 한 편의 드라마를 연출할 수 있다면야 권장할 일이지만, 아시다시피 현실은 냉혹한 법입니다. 필자가 지도해 온 여러 지원자의 모습들 중 C타입의 모습으로 시작한 지원자들이 상당수였습니다. 이들은 자신이 갖춘 능력보다, 혹은 자신이 가진 경험에 비해 너무도 위축되고 약하며, 어두운 인상과 더불어 불안정한 말투까지 보이는 지원자들이 여기에 속합니다. 지원자 중 많은 분들이 이른바 엘리트에 가까운 인재들이었지만 언어적 측면과 소통의 장벽을 넘지 못한 유형들이 의외로 많았습니다. 이들은 기에 눌린 형태로 마지못한 답변을 구사하는 모습이거나, 삶의 애환이 가득 어린 표정을 하거나, 피죽도 못 얻어먹은 듯이 작은 음성의 소유자들을 말합니다. 그러나 첫인상의 기대치는 높진 않으나 면접 중반부터 서서히 적응해서 안정형 답변을 구사하는 인간 승리형 시나리오의 주인공들이기도 합니다.
　모든 면접장에선 반드시 다크호스가 등장하게 되므로 끝까지 포기하지 말아야 합니다.

　A타입의 예를 보면 이른바 오버하는 유형의 지원자일 것입니다. 밝고 적극적인 인상을 심어주기 위한 필요 이상의 발성과 몸짓은 면접관들과의 만남에서 열정어린 모습으로 해석될 수 있겠

지만, 문제는 그 기대치가 높을수록 지원자가 감수해야 할 리스크가 높아집니다.

마치 용두사미처럼, 면접이 중반을 넘어서는 단계부터 후반에 이르기까지 더 이상의 적극성을 기대할 수 없으며, 오히려 자신의 결점을 은폐하기 위한 모습으로 비춰질 수 있음을 유의해야 합니다. 그래서 만일 자신의 모습이 A타입에 가깝다면 그 기대치에 부응할 수 있을 정도로 차선책들이 마련되어야 하고, 깨알과도 같은 역량들을 추가로 부각시켜야 할 것입니다. 그 어떤 질문에도 맞설 수 있는 다재다능형 인재라는 것을 면접이 끝나는 시점까지 강조해야 합니다. 이 유형에서는 세일즈, 마케팅, 서비스 관련 업무가 유리합니다.

이렇듯 각각의 지원자들마다 고유의 특성이 있기 마련이며 그중 누군가는 그러한 고유의 특성이 장점으로 발휘되기도 하지만 대부분의 경우는 직군과 직무, 직렬에 맞춰진 이상적인 캐릭터로 훈련되어야 더 나은 결과를 기대할 수 있게 될 것입니다. 지금 당신에게 부족한 점이 무엇인지 더 객관적인 분석이 요구되며 이 모두가 훈련을 통해 극복될 수 있음을 강조하고 싶습니다.

📁 탈락자, 그들만의 이유들

　면접에서 가장 중요한 것은 바로 의도입니다. 면접은 필시 떨어뜨리기 위한 시간이며, 이 일을 하는 사람이 면접관인 것을 잊지 말아야 합니다. 지원자 개개인의 경험, 능력치, 인성, 가능성을 주도면밀하게 파악해야 하는 임무이니만큼 그들의 의도를 파악하는 것은 반드시 이뤄져야 할 일입니다. 특히나 여러 차례 면접 경험을 가진 일부의 그대들도 면접관의 의도를 모르고 어설픈 모습을 보여 왔다면 면접관만을 탓할 문제가 아닙니다. 이는 마치 좋은 총에 수많은 총알을 엉뚱한 방향으로 난사하는 것과 같은 이치라 하겠습니다. 최적의 답변으로 멋지게 인정받을 수 있는 여러분이 되길 바라며, 탈락자들의 주요 공통점을 모아 보았습니다.

① 반응속도

　면접관의 질문에서 답변을 하기까지 가장 이상적인 시간이 몇 초일까요? 바로 1초에서 2초 사이입니다. 이때 가장 적합한 답변은 "네!"입니다. 질문이 시작된 후 답변의 속도나 말의 속도가 빨라야 한다는 것이 아니라 빨라야 하는 것은 바로 반응입니다. 아래는 빠른 반응을 통해 우선적으로 말해야 하는 답변들을 모아 보았습니다.

ⓐ 네, 말씀 드리겠습니다.

ⓑ 네, 면접관님.

ⓒ 네, 그렇습니다.

ⓓ (메아리)

ⓐ과 ⓑ는 가장 쉽고도 흔하게 할 수 있는 답변들로서 마치 퀴즈 프로그램에서 볼 수 있는 신속함과 절도가 요구된다고도 할 수 있습니다. 하지만 너무 지나치게 반복적인 모습으로 사용된다면 면접관들에게 기계적인 느낌을 심어줄 수 있다는 점을 주의하시기 바랍니다. 답변 훈련이 자연스레 익숙해지는 단계에선 위와 같은 답변 방식을 줄여 나아가면 됩니다.

ⓒ의 경우는 여러 질문 중 주로 과거, 경험, 이력 등 주로 자신의 지나온 길이나 면접 상황에서 인정해야 하는 경우에 조금도 지체하지 않고 해야 하는 답변의 시작 언어를 의미합니다.

ⓓ 메아리는 받은 질문과 반응하는 그 찰나의 시간까지 아껴야 한다는 뜻입니다. 예를 들어 영업이 뭐라고 생각 하냐는 질문에 망설이지 말고 1~2초 내에 "네, 제가 생각하는 영업이란……" 하고 이후의 답변이 지연될지언정 묵언하는 모습을 보이지 말라는 것입니다.

잠깐 ⓒ 네, 그렇습니다를 주목해 보겠습니다. 이 대답은 아래의 질문과 밀접한 관계가 있습니다.

"얼마 전까지도 직장 생활을 하셨군요?"

"왜 이렇게 자주 옮겨 다닌 거죠?"

"이 일을 해본 경험이 없군요?"

"주요 전공이 토목이었군요?"

이 질문들에 대해 면접관들은 확인받고자 질문했을 수도 있으며, 관심을 보이고 질문했을 수도 있으며, 무언가가 부적절하단 이유로 질문했을 확률이 높은 만큼 조금도 지체하지 않고 답변을 시작해야 합니다. 이때 다음과 같은 답변의 노선을 잘 기억해두시기 바랍니다. 여러분을 실전 면접에서 여러 위기에서 구해줄 공식이 될 것입니다.

ⓐ 인정단계 – ⓑ 반전단계 – ⓒ 확신단계

먼저 면접관의 질문입니다.

"주요 전공이 토목이었군요?"

ⓐ인정하는 단계

"네, 그렇습니다. 전 토목학을 전공하였습니다."

ⓑ반전 단계

"하지만 제 전공만이 제 자신의 모두라고 생각하지 않습니다."

"전 토목 이외에 다양한 분야에서도 더 많은 잠재력을 발휘하고 싶습니다."

ⓒ확신 단계

"그래서 더욱 광범위한 활동을 하는 신입 사원이 되어 시간이 흐를수록 멀티플레이어가 되고 싶습니다. 기회를 주신다면 결코 실망시켜 드리지 않겠습니다."

자, 그럼 위의 답변을 정리해보겠습니다.

Q : "토목학을 전공했군요?"

A : "네, 그렇습니다. 전 토목학을 전공하였습니다. 하지만 제 전공만이 제 자신의 모두라고 생각하지 않습니다. 전 토목 이외에 다양한 분야에서도 더 많은 잠재력을 발휘하고 싶습니다. 그래서 더욱 광범위한 활동을 하는 신입 사원이 되어 시간이 흐를수록 멀티플레이어가 되고 싶습니다. 기회를 주신다면 결코 실망시켜 드리지 않겠습니다."

이렇듯 ⓒ의 경우에선 신속한 답변을 전개하는 것은 물론이거니와 최소 자신에게 질문될 수 있는 여러 질문 사항을 미리 준비하여 마치 청문회처럼 질문하는 면접관들의 곤란한 질문에 오히려 반듯하고 당당한 답변을 해야 합니다.

마지막으로 ⓓ(메아리)에 대하여 알아보겠습니다. 면접관의 질문 자체를 즉시 일부 복사하여 고스란히 답변으로 잇는 방식입니다.

    Q : "자신의 롤 모델이 누구입니까?"
    A : "네, 제 자신의 롤 모델을 말씀드리겠습니다."

    Q : "지원한 부서의 역할이 무엇인지 말해 봐요."
    A : "네, 역할에 대해서 답변 드리겠습니다."

이토록 면접관의 질문을 즉시 일부 복사하여 답변하는 경우 기대할 수 있는 사항들을 정리해본다면 다음과 같습니다. 첫째, 면접관의 입장에선 답답함을 느끼지 않으므로 더욱 순조로운 면접이 될 것입니다. 둘째, 지원자의 입장에선 한 박자 여유가 생겨나므로 더 안정적인 답변을 할 수 있습니다. 셋째, 여러 지원자 중 가장 준비되고, 유연하여 높은 점수를 받게 될 가능성이 높아질 것입니다.

하지만 지나치게 무분별한 복사를 하게 되는 경우 마치 다음과 같은 상황이 발생될 수 있음을 주의해야 합니다.

Q : "인생에서 가장 힘들고 어려웠던 경험을 말해보고 어떻게 극복했는지 답변해보세요."

A : "네. 인생에서 가장 힘들고 어려웠던 경험과 그때마다 어떻게 극복했는지에 대하여 답변 드리도록 하겠습니다."

그래서 유의사항을 다시 정리해보면 먼저 답변은 여러 지원자 중 절대적으로 빨라야 하고, 여기서의 빠름은 말의 속도가 아닌, 반응 속도를 의미합니다. 네! 하고 받는 습관이 매우 중요하고 시간을 끌지 않는 습관 역시 중요합니다. 또한 인정할 줄 알아야 하고, 정신 똑바로 차리고 면접관의 질문을 정확히 경청해야 합니다.

② 발성과 에너지

면접에서 작은 목소리는 매우 불리합니다. 어린 시절의 일이라 정확히 기억은 나지 않지만 수업시간에 선생님의 질문을 받고 적절한 답변을 못하고 있자 당시 선생님께서는 이렇게 말씀하셨습니다. "모르면 모른다고 당당히 말하는 것도 실력이다." 그 말씀 이후 같은 반 아이들의 공통적 습성이 있었으니 다들 너무도 당당하게 '잘 모르겠습니다'라고 말하는 아이들이 갑자기 늘어남과 동시에 이러한 발표 과정에 혼나는 친구들도 현저히 줄었고, 선생님의 수업 진행도 더욱 원활해지는 것을 확인할 수 있었습니다.

이처럼 말이란 내용도 중요하지만 전달 과정에 오가는 에너지 또한 상당한 비중을 가지고 있다는 것을 알 수 있습니다. 면접이야말로 이러한 요소가 매우 중요하며 이번 장을 통해 더 강인하고 똑 소리 나는 지원자가 되기를 바라겠습니다.

이 부문에서 가장 중요하게 여기는 것으로서 다음과 같은 사항을 먼저 숙지하시기 바랍니다.

ⓐ질문하는 면접관보다 한 단계 정도의 크고 과감한 음성으로 말하기

ⓑ가급적 날숨을 활용하여 더욱 진취적이고 열정적인 소리를 내기

ⓒ특유의 군기 잡힌 모습이 최선이 아니란 것을 인식하기

혹시 지하철이나 만원 버스 내에서 귀에 이어폰을 꼽고 노랫소리에 맞춰 흥얼거렸던 경험들이 있지 않습니까? 이는 자신도 모르게 노래를 부르다가 주변의 낌새가 이상하여 이어폰을 떼는 과정에서 '주변의 사람들이 내 노랫소리를 들었나'하는 불편함을 말합니다. 이 기억을 돌이켜보면 자신의 귓속에 전해지는 소리보다 크게 부른 노랫소리를 본인이 의식하게 되듯이 면접관들의 질문 말소리보다 한 단계 정도의 높은 발성을 통해 면접관들이 듣고 싶어

듣는 것이 아닌, 들을 수밖에 없는 발성으로 시원시원하게 답변하는 것이 좋습니다.

하지만 크고 과감한 음성으로 말해야 한다고 해서 필요 이상의 발성을 하지 않도록 주의해야 합니다. 일반적으로 애국가를 부를 때 첫 음인 동을 '도'로 설정하고 그 기준으로 '솔'이나 '라' 단계까지 올려서 말할 때 매우 듣기 좋은 음성이 나타나며 이때 날숨을 활용한다는 점을 기억하시기 바랍니다.

③ 이미지 구성(시선, 자세, 표정)

본래 사람의 시선이란 것이 보이는 거리와 각도에 따라 심리 상태가 고스란히 읽혀지는 법입니다. 아래에서 올려보는 시선, 반대로 내려다보는 시선, 옆으로 보는 시선등 상대방과의 시선처리는 무언의 의지, 신념을 복수적으로 전하는 제2의 대화라 칭할 수 있겠습니다.

사람이 시선을 보내는 동공의 각도와 흔들림, 모양, 방향만으로도 그 사람의 심리상태를 예측할 수 있다고 합니다. 21세기 행동심리연구소에서 출간된 《마음을 정복하는 오피스 심리학》에 의하면 자신의 심리는 사실상 두 눈이 이미 말하고 있다고 합니다. 이를테면 자신의 몸을 기준으로 좌측을 살피는 경우 무언가 잊힌 과거의 기억을 찾는 경우라고 볼 수 있으며 우측을 주로 살피는 경우는 발언 중 거짓이 있을 확률이 높아지는 것으로 나타났다고 합니다. 또한 좌우도 아닌 위쪽을 살피며 이야기하는 경우는 사실상 전혀 알고 있지 않은 상태일 가능성이라 하며, 말하는 가운데 시야가 아래를 향하고 있다면 지금 주어진 상황을 회피하려는 의도이거나 심지어 포기단계로 인식할 수 있다고 합니다.

그러나 그렇다고 해서 굳이 고민하실 필요는 없다고 생각됩니다. 시선에 의하여 심리가 들킨다면 자신의 시선을 고정하는 훈련을 통해 더욱 안정된 심리를 유지할 수 있기 때문입니다. 필자의 개인적인 소견이지만 긴장되어서 시선이 흔들리는 경우보다 시선이 흔들려서 긴장이 가속화되는 경우도 있습니다.

시선 처리의 핵심 키워드
- 상대방과의 양쪽 귀와 이마 턱 선을 자신과 일치하는 훈련을 습관화
- 사진, 이미지 등을 1.5미터 앞에 걸어두고 실전 훈련을 하라
- 평소 거울을 통해 자신의 모습 점검
- 주변인들과 이야기를 나눌 때 익숙하지 않더라도 시선 마주치기

여러분들은 면접 자세라 하면 어떤 자세가 먼저 연상됩니까? 인

사하는 자세, 아니면 앉아서 경청하는 자세입니까? 사실 실제 면접에선 무엇이 옳다고 단정 짓기가 사실 어려울 수도 있습니다. 안정되고 정중한 인사를 연마하고 준비하고 왔건만 실제 면접에서는 종종 찬물을 끼얹는 상황이 다반사일 것이기 때문입니다. 그럼에도 불구하고 더욱 단정하고 안정된 자세를 갖춰야 합니다.

　자세 확인을 위해서는 우선 전신 거울이 필요합니다. 거울 앞에서 똑바로 서 보시기 바랍니다. 만약 두 손의 위치가 불편하다면 이때의 위치를 잘 기억해야 합니다. 여성의 경우는 두 손으로 배꼽을 덮는다는 생각으로 손을 모으고, 양팔 팔꿈치 각도는 90~110도 정도로 맞추면 됩니다. 남성의 경우에는 양 손을 모을 수 있겠지만 남성은 양손을 양쪽 골반이하 바느질 선에 일치시키며 양쪽 어깨를 펴고 똑바로 정면 응시하며 서 보기 바랍니다. 어떻습니까? 준비된 인재의 이미지가 느껴지십니까? 이때 남자나 여자나 정수리 백회혈 부분에서 무언가로 끌어 올리는 느낌이 중요합니다. 턱도 슬쩍 당겨주며 웃는 것도 필요합니다. 백회혈 자리에서 끌어 올리는 자세는 의자에 기대지 않고 어깨도 움츠리지 않습니다.

　다음은 표정에 대해 정리하겠습니다. 면접에서의 가장 이상적인 표정을 정리하자면 눈썹을 올리며 말하는 습관(여기서 눈썹을 올리고 내리고를 빠르게 반복하면 우스운 표정이 됩니다)을 통해 이른바 살아있는 얼굴을 만들어 내야 합니다. 면접은 말 그대로 얼굴을 접하는 시간이므로 최단시간 동안 살아있는 얼굴 만들기에 총력을 기울여야 하는 것입니다. 표정의 경우는 좌우 대칭이 이상적인 얼굴인가에 대해 각별히 신경 써야 하며, 본의 아니게 이른바 썩쏘(썩은 미소, Derision)가 발생하지 않아야 합니다.

밝은 얼굴은 그 자체만으로도 지속적인 기회가 찾아오기 마련입니다. 자신의 전공과 직렬과 관할 업무가 무엇이건 결국엔 사람과 함께 일하는 곳이라면 우울하고 무거운 분위기를 풍기는 지원자들보다 밝고 여유 있는 지원자들에게 더 많은 기회가 집중된다는 점을 강조하고 싶습니다. 민원인, 고객을 상대하거나 투자자, 기타 외부인을 비롯한 불특정 다수를 상대하는 사람으로서 이제 밝은 얼굴, 밝은 표정은 필수가 되어가고 있는 것이 사실입니다.

면접은 5초 안에 호감이 되는 것은 물론, 5분 안에 능력이 결정되게 됩니다. 면접을 한자어대로 풀어쓰면 얼굴을 마주한다는 뜻이 되며 얼굴은 그 사람의 정신 상태가 고스란히 나타나고 있는 부분이므로 면접관은 생기, 활력을 갖춘 인재를 찾는 것이 매우 당연하다고 할 수 있습니다.

④ 딜레마(Dilemma)

딜레마는 선택해야 할 길은 둘 중에 하나로 정해져 있지만 그 어느 쪽을 선택해도 이상적인 결과가 나오지 않을 듯한 상황으로, 진퇴양난進退兩難과 같습니다. 혹시 여러분 중 면접장에서 다음과 같은 질문을 받아본 경험이 있습니까?

> Q : "우리 회사를 위해 지원한 것인가? 아니면 자신을 위해 지원한 것인가?"
>
> Q : "두 명의 상사가 동시에 지시를 내린다면 누구의 지시를 따라야 하는가?"
>
> Q : "기업에서 가장 중요한 부서는 어디라고 생각하는가?"
>
> Q : "우리가 자네를 합격시킬 것 같은가? 떨어뜨릴 것 같은가?"
>
> Q : "남들은 같은 시간 대비 토익 점수가 안정적인데 당신의 토익 점수는 왜 낮은 것인가?"
>
> Q : "전공과 무관한데 해당 부서를 지원한 이유는?"
>
> Q : "전 직장과 우리 기업과의 차이점을 말해보시오"
>
> Q : "내야수, 외야수, 투수 중 가장 중요한 사람은 누구인가?"

면접관들의 갑작스런 이러한 질문을 받으면 진퇴양난에 빠지게 되어 이러지도 저러지도 못하는 상황을 맞이하고 맙니다. 그렇다고 의도되지 않은 반사적이고 중심이 잡히지 않은 답을 할 수는 없습니다. 면접에서 말하는 딜레마는 이러한 상황에 오히려 빛을 발휘하는 기법을 의미하는 것으로서 평소 안정적이고 유연한 사고를 갖춘 지원자라면 어려움 없이 간파할 수 있다고 봅니다.

이러한 질문을 직면하게 된다면 다음과 같은 두 가지의 원리를 과감히 적용하기 바랍니다.

[공식 1] : 결국 모두를 선택하라!
[공식 2] : 제3의 답변을 제시하라!

Q : "우리 회사를 위해 지원한 것인가? 아니면 자신을 위해 지원한 것인가?"

일반적 답변 :
"네. ○○회사를 위해 지원했습니다. 열심히 하겠습니다."

[공식 1]
"네, ○○회사를 위해 지원한 것은 제 자신을 위한 지원이기도 합니다. 기업과 제 자신, 그리고 고객을 위한 삼위일체를 이루고 싶습니다."

Q : "두 명의 상사가 동시에 지시를 내린다면 누구의 지시를 따라야 하는가?"

일반적 답변 :

"네. 저는 직속 상사의 지시 혹은 먼저 지시하신 상사의 지시를 먼저 따르는 것이 옳다고 생각합니다."

[공식 1]

"네, 상사들의 지시인만큼 전 반드시 따라야 할 의무가 있습니다. 하지만 제 몸이 하나인데 어찌 두 가지 일을 한 번에 할 수 있겠습니까. 그렇다 하더라도 제가 즉시 할 수 있는 일을 먼저 해결할 것이며 다음 지시를 연이어 따르도록 하겠습니다. 중요한 것은 저에게 맡겨진 업무는 결코 방치하거나 간과하지 않을 것이라는 것입니다."

Q : "내야수, 외야수, 투수 중 가장 중요한 사람은 누구인가?"

일반적 답변 :

"네, 모든 선수가 중요하지만 저는 투수가 가장 중요하다고 생각됩니다."

[공식 2]

"네. 선수들의 포지션만큼 모두가 중요한 선수들입니다. 하지만 가장 중요한 한 사람을 꼽는다면 지금 공을 누가 쥐고 있느냐에 따라 달라진다고 생각합니다."

이러한 딜레마 질문들의 경우는 여러 가지 의도에 의해 등장하는 질문들입니다. 기업을 대표로 면접을 치르는 면접관들의 의도를 최단시간에 찾아내는 것이 중요합니다. 이때 준수해야 할 사항으로는 A나 B 중 하나를 선택하라고 해서 덜컥 한 가지를 선택했다가는 이른바 압박 면접으로 바뀌는 경우가 다반사라는 것입니다. 면접관들은 지금 정답을 기다리는 것이 아니라 정답을 향해가는 지원자의 노력하는 모습을 보고 싶은 것이라는 사실을 유념하기 바랍니다.

1분 안에 면접관을 사로잡는 노하우 10

1. 면접관에 대한 호칭과 더불어 의문형 화법을 제시하라.

    예) 면접관님 [　] 하지 않겠습니까? [　　] 하는 것이 무엇이겠습니까?

2. 즉시 결론형 답변을 제시한다. 확신할 수 있는 경우라면?

    예) 네, 4차 산업은 [　]입니다. [　　] 하는 것이 옳습니다.

3. 질문 그 자체를 고스란히 받아주며 동반 강조한다.

    예) 네, 면접관님께서 말씀 하셨다시피

4. 답변의 서두에 2중 종결형 화법으로 답변을 마무리 한다.

    예) [　] 하고 [　] 하는 것이 중요하다고 생각합니다.

5. 점층적 답변을 구성한다.

    예) 나, 우리, 모두를 위한

6. 명확한 시선처리(열십자시선) 와 음성을 매칭(matching)한다.

7. 입모양의 매무새와 입 꼬리의 근육을 강화한다.

8. 5성 [개방성, 유연성, 적극성, 조심성, 객관성]을 중시한다.

9. 날숨을 이용한 발성을 활용한다. 고개 숙인 면접관의 고개를 들게 한다.

10. 수식어 형용사, 직유법을 자유롭게 활용한다.

    예) 물 만난 물고기처럼 자유롭게 일하는 신입이 되겠습니다.

면접에서 확실하게 떨어지는 방법 BEST 10

1. 날밤 새우고 늦게 도착하기

실제 사례입니다. 다음날 오후 2시에 면접이라며 면접 전날까지 술을 마시고 놀았습니다. 그리곤 다음 날 눈 떠보니 오후 1시 30분인 것입니다. 그 면접은 어떻게 됐을까요? 면접 당일의 시간은 상당히 빠르게 지나가기 마련입니다. 최소 1시간 전에는 면접장 부근에 도착하여 여유롭게 대비해야합니다.

2. 핸드폰을 확실하게 켜둔다

혹시 면접 당일엔 진동모드라고 생각하시는 분이 있습니까? 고요함과 적막이 흐르는 면접장에선 진동 소리도 탱크 소리로 들릴 확률이 매우 큽니다. 혹시라도 진동모드가 조용할 것이라는 생각은 접어두고, 그날 만큼은 핸드폰과 멀어져야 합니다.

3. 오직 자기자랑 하기

한 대입 면접을 앞두고 캐나다 유학파 5인방을 만났습니다. 이들은 대부분 있는 집 자손들이었는데, 이 중 한 학생은 교육 중에도 "떨어져도 괜찮아요. 우리 아버지 사업이나 물려받지요, 뭐."라는 말을 수시로 했습니다. 결론적으로 이 학생은 성의 없는 교육 태도를 보였으며 다른 학생들과는 다른 결과를 갖게 되었습니다.

4. 세상의 모든 근심과 걱정을 얼굴에 담기

여러 지원자의 얼굴을 보면 사실 합격 여부가 드러나는 분들이 의외로 많습니다. 밝고 쾌활하지만 면접관 앞에선 얼음이 되는 유형이 있는가 하면 이마에는 찌푸린 자국이 그대로 있으며, 말끝마다 한숨을 뱉으며 하는 한마디가 있습니다.

"난 내가 왜 떨어지는지 모르겠어요."

5. Yes or No 외에는 묵비권을 행사하기

면접관들이 시간이 남아돌아 질문한다고 믿는 것은 아니지요? 이들의 질문엔 여러 가지 의도가 있음을 잊지 맙시다. 발표능력은 물론 주관이나 성품, 인성 등을 간파하기 위하여 질문을 하는 것입니다. 아무리 간단한 질문이라 하더라도 눈치껏 경험 및 실체와 행보를 전하여 자연스러운 면접 분위기를 이끌어가야 합니다.

6. 시키지도 않은 개인기, 유머, 유행어를 남발하기

웃기는 것이 잘못된 것은 아닙니다. 왜 시키지도 않는 것을 하느냐가 문제인 것입니다. 대부분 면접 훈련 과정에 비슷한 질문을 받게 되면 십중팔구 어쩔 줄을 몰라 하며 무엇이 최선인지 딜레마에 빠져들게 됩니다. 물론 실제로 개인기나 노래 등의 질문이 존재하긴 하지만 애써 자신의 경망스러움을 강조할 필요는 없습니다.

7. 단체 면접 상황이라면 계속 눈에 띄게 움직이기

발표를 독점하려 하는 행동을 의미합니다. 단체 면접 중에는 다른 지원자들의 답변을 경청하는 자세 또한 점수로 연결되기 마련인데 오직 자

신만이 이 면접을 장악하려는 행동은 면접관들의 주요 타깃이 된다는
점을 기억하기 바랍니다.

8. 최대한 비공식적 언어를 사용하기

흔히 이야기하는 군대식 화법으로 끝내야 한다는 것이 아닙니다. 면접
에서의 답변은 자신은 물론 부모님, 친구들의 수준을 말해줍니다.

9. 기회만 오면 오버하기

이 경우는 20대에서 30대 남성들에게서 자주 볼 수 있습니다. 평소엔 군
기라곤 없다가도 면접 장소만 가면 헌병과 같은 목소리로 답변하는 것
입니까. 물론 면접관보다야 더 큰 소리로 답변하는 것이 예의이지만 불
필요한 정도의 위병소 근무자 목소리는 불쾌감을 줄 수 있습니다.

10. 연봉 협상부터 하기

가급적 회사의 스케줄에 자신을 맞추는 것이 아닌 반대로 생각하는 경
우가 왕왕 있습니다. 이를테면 "제가 우선 유학을 마쳐야 하는 상황이므
로 6개월 이후부터 출근하겠습니다." 또는 "전 직장에서의 연봉보다 높
았으면 합니다." 같은 것들이 그 예입니다.

면접관에게 비호감이 되는 방법 BEST 10

1. 앞머리로 최대한 이마를 가리기

면접의 목적은 얼굴을 마주보는 것입니다. 앞머리로 이마를 가리게 된다면 관상학적으로 숨어있는 듯한, 비공개적 성향으로밖에 파악되지 않습니다.

2. 자신의 학점이나 스펙을 틈틈이 자랑하기

누가 이러한 행동을 하겠냐 하시겠지만 사실 많은 지원자들의 공통적인 실수 상황이기도 합니다. 그 또한 당연한 것이 자신의 검증을 위한 최선의 결과물이 결국 자기자랑이 될 줄 알기나 했겠습니까?

3. 답변을 단답형으로 짧게 끝내자

물론 불필요한 말을 길게 하는 것도 문제이겠지만 그렇다, 아니다의 답변은 면접관으로 하여금 지원자에게 합격하고자 하는 의지가 부족해 보이거나 어휘력에 치명적인 부족함을 가진 지원자로 인식하게 됩니다. 무엇이든 지나치면 곤란합니다.

4. 올려보는 시선과 더불어 눈동자만 좌, 우를 살핀다

상대방을 올려보는 시선은 그 자체만으로도 공격적이거나 거부, 반감을 의미합니다. 또한 주변을 살피는 눈동자는 청렴, 신뢰, 온정과 거리가 먼 모습으로 보이게 될 것입니다. 틈틈이 거울을 보는 것도 좋지만 거울을 통해 비호감적인 요소를 제거하면 더 좋습니다.

5. 수시로 면접관에게 질문을 하자

주객이 바뀌었습니다. 따라서 일반적으로 그리 유쾌한 상황은 아닙니다. 혹시라도 면접관을 상대로 피곤함을 유발하지 않도록 해야 합니다.

6. 회사가 자신과 자신의 스케줄에 맞춰줄 것을 요구하자

7. 전 직장 동료와 전 회사에 대해 험담하자

8. 집단 토론에선 묵비권을 행사하자

가만히 있으면 중간은 갈 수는 있습니다. 하지만 중간을 가는 사원을 원하는 기업이 몇이나 되겠습니까? 집단 토론 면접의 의도를 생각해본다면 묵비권이 얼마나 위험한지 깨닫게 될 것입니다.

9. 모르는 것을 어떻게든 아는 척하자

아는 것을 모르는 척하는 것도 문제겠지만, 모르는 것을 모른다고 말하는 것은 사실 아는 것과 같습니다. 그러니 모르는 질문이나 처음 접해보는 질문이라면 솔직하게 이야기하는 자세가 필요합니다.

10. 언밸런스 복장에 안면 위장을 하자

정장을 검정색을 입어야 하나, 남색 입어야 하나? 치마냐, 바지냐? 등 면접 복장에 대한 의견이 참으로 분분합니다. 여기서 언급하는 언밸런스한 복장은 면접 장소와 맞지 않는, 즉 품격을 상실한 복장(넥타이의 현란함, 튀는 양말, 장발, 액세서리, 짧은 치마, 튀는 구두 색깔 등)이며 이밖에 자연스럽지 못한 짙은 화장에 대해선 자주 지적되는 사항들입니다. 과도하게 많이 뿌린 향수도 비호감 요소가 될 수 있으니 유의하기 바랍니다.

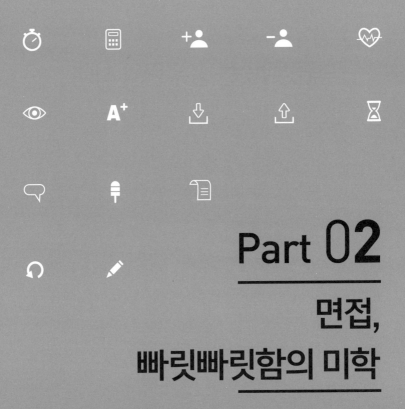

Part 02

면접,
빠릿빠릿함의 미학

노력에 집착하라. 숙명적인 노력을!

– 레오나르도 다 빈치

A MASTER OF
AN INTERVIEW

01
빠릿빠릿한 공무원의 시대

　공무원 면접에서는 공무원으로서의 직무수행에 필요한 여러 직무능력과 적격유무를 질문과 답변을 통해 담당 면접관들이 판단하는 것입니다. 공무원은 일반 직장인과 달리 공익을 우선으로 추구하는 공무원으로서의 정신 자세와 태도, 공직자로서의 뚜렷한 가치관, 국가관, 애국심과 투철한 직업관을 갖췄는가는 물론, 국민에 대한 봉사자로서의 자세와 태도가 진정 확립되어 있는지를 집중적으로 평가하고 있습니다. 그러므로 흔히들 말하는 '안정적인 직장이기 때문에', '보장받을 수 있는 요소가 많기 때문에'라는 의식으로 공무원에 지원한다면 현실의 냉혹한 벽을 체험하게 될 것입니다.

📁 공무원 면접의 평가 요소

① 기본적인 평가요소

이를테면 나보다는 우리, 우리보다는 모두, 지역주민은 물론 국민 모두의 평화로운 삶을 위한 자세를 평가 받게 됩니다. 개인적 이윤을 추구하지 않고 국민 모두를 상대로 진심어린 봉사를 할 수 있는 정신자세와 공무원으로서의 사명감을 측정하기 위한 국가관, 윤리관, 안보관 등이 확립되었는가에 대한 질문에 대비할 수 있어야 합니다. 아래는 면접에서 나올 수 있는 예상 질문입니다.

- 현재 남북 정세에 대하여 설명하시오.
- 봉사 활동 경험들을 얘기하시오.
- 공무원이란 직업이 안정적이라서 지원한 것인가?
- 공무원의 의무들을 말해보세요.
- 공무원의 기본자세는 무엇인가?
- 민원인이란 어떤 의미인가?
- 북한 3대 세습에 대해 어떻게 생각하는가?
- 왜 사기업에 진출하지 않았나?

② 전공 관련 상식과 직무수행능력

공무원으로서 자신의 직렬을 이해하고 있는지, 관련 상식은 풍부한지, 경험은 있는지 또한 어떤 평가를 받았고, 관련 자격증이 있거나 실무에 적용이 가능한지에 관한 질문들 영역별로 1~2개가량의 질문들을 예상해야 합니다. 해당 부분과 관련해서는 관련 법규, 민원상황, 지역, 특정장비, 각종 상황의 매뉴얼 등의 관련 질문이 나올 수 있습니다.

③외모와 인성, 자세 및 태도

공직자로서의 기본적인 정신과 육체 건강 상태는 물론 입장부터 퇴장할 때까지 행동 하나 하나에 성실함과 예의를 갖추고 있는가, 언행과 소통능력은 안정적인가, 민원인을 상대할 인상은 지녔는가, 최선을 다하여 진심어린 답변을 하는지 등의 공직자로서의 기본 소양들을 틈틈이 질문할 것으로 예상해 볼 수 있겠습니다. 다음은 예상 질문으로 나올만한 내용입니다.

- 고령화 사회에 노인 복지를 위한 최선의 방안은?
- 평소에 운동은 하는가?
- 막무가내로 소란스럽게 행동하는 민원인을 어떻게 상대할 것인가?

여러분이 만약 중 · 장기적인 공무원 생활을 하고 있다고 가정하고 일반 사기업으로부터의 스카우트 제의를 받으면 어떻게 하겠습니까? 이와 비슷한 유형의 질문들을 모아보면 다음과 같습니다.

- 평소 법규와 질서는 잘 지켜왔는가?
- 자신의 성장 과정에 가장 큰 영향을 준 인물은 누구인가?
- 향후 5년간의 업무 계획을 말해보시오.
- 뇌물과 선물의 차이는 무엇인가?
- 민원인들과 오해로 인한 마찰이 발생한다면?

④ 논리성과 자신감

자신의 답변에 자부심이 있는가, 장황하고 지루하며 심지어 자신의 자랑을 일삼고 있는가, 면접관의 의도는 파악을 했는가, 안정적인 음성과 확고한 신념은 있는가, 자신의 직렬에 대한 포부가 분명한가 등의 믿고 맡겨도 든든한 신뢰감을 주는 것 또한 공무원을 지원하는 사람의 의무라고 생각합니다. 다음은 관련된 예상 질문입니다.

- 왜 우리가 자네를 합격시켜야 하는지 설명해보시오.
- 공무 수행 중 가정의 불화가 갑작스레 발생한다면 무엇이 우선인가?
- 서울시 한복판에 핵폭탄이 터진다면 공무원으로서 무엇을 할 수 있는가?

- 만일 이번 시험에 합격하지 못한다면 그 원인은 무엇이라고 설명할 것인가?
- 자신의 전공과 아무런 관련이 없는 업무가 주어진다면 그 이유는 무엇인가?
- 공무원에게 청렴성이 중요한 이유를 말해보시오.

⑤ 창의력과 가능성

이른바 뻔한 답변을 하고 있는 사람이나 고정관념으로부터 자유로운가, 문제 해결능력과 해결하기 위한 노력의 모습을 보이고 있는가, 너무 쉽게 언급하는 것이 아닌 여러 가능성에 대해 염려하고 있는가, 쉽게 포기하지 않고 시간 대비 많은 것을 시도하고 있는가 같은 유형의 지원자들은 예상과는 달리 훗날 여러 직렬의 여러 상사들이 선호하는 부하 직원의 유형으로서 너무 급하지 않고, 감정적이지 않으며, 지속적인 스트레스의 반복 상황에서도 침착함을 발휘할 가능성이 높은 지원자를 의미하기도 합니다. 다음은 창의성과 가능성과 관련된 예상질문입니다.

- 지구의 바닷물 무게를 측정하면 얼마나 될까?
- 서울역 노숙자 문제 해결 방안은?
- 무인도에 꼭 챙겨갈 물건들은 무엇인가?
- 독도가 왜 우리 땅인지 설명하시오.

- 우리 면접관들이 추구하는 신입 공무원상에 대해 언급해 보시오.
- 소방공무원들의 안전을 위한 방안을 모두 얘기해 보시오.
- 자신에게만 유난히 지속적이고 많은 업무를 지시하는 상사를 어떻게 받아들이겠는가?
- 가장 아끼고 소중한 두 사람이 물에 빠졌다면 누구부터 구해야 하는가?

면접 평가방식을 상, 중, 하로 나눈 이후, 답변 과정에서 그 우수성이 높을수록 '상'으로 평가하며 또한 별다른 문제점이 발생되지 않거나 감점 요소를 발견하지 못한 경우엔 평가 자체를 자제하는 것으로 파악해야 합니다

이때 질문의 난이도에 따라 문항이 선정되어 있는 경우도 있으며 지원자의 답변 능력과 면접에 대처하는 자세가 매우 이상적인 경우엔 난이도가 갑작스럽게 높아지는 경우도 있습니다. 하지만 특정 질문이 예상된다고 해서, 이런 것들을 함부로 예측해버린다면 면접 상황이라면 오히려 예기치 못한 어려움에 직면하게 되는 경우가 발생될 수 있으므로 각별히 주의하시기 바랍니다.

면접장소에서는 각각의 질문을 통해 상, 중, 하로 평가 받는 자

리가 될 확률이 높으므로 매우 객관적 사고로 답변하며 다른 지원자들의 입장, 면접관들의 입장까지도 간과하지 않는 모습으로 답변해야 합니다.

서류 평가 지원자의 주 전공 분야와 부모님을 비롯한 집안에 관한 질문, 각종 자격증과 경험 유무, 가정의 분위기와 대인관계 관련 문제점 파악 등 해당 직렬에 대한 적격성을 가리기 위한 일차적인 평가 방식입니다. 따라서 서류작성 시 거짓 정보를 기입하거나 왜곡된 서류를 작성해서는 안됩니다. 또한 그렇게 거짓 서류를 작성해서 멋지게 합격했다고 하더라도 다른 사람도 아닌 공무원으로서 얼마나 신뢰받을 수 있겠습니까?

⑥ 지원자의 답변능력

공무원으로서 국가에 대한 마음 등이 표출되어야 함은 기본이며 답변을 통해 문제 해결능력 또한 발휘할 수 있어야 할 것이며, 얼마나 계획적인 인생을 살아왔는지, 인내력은 있는지, 올바른 표현능력을 갖췄는지에 대한 여러 사항들을 답변을 통해 파악하게 됩니다. 물론 그 지원자의 능력을 답변 능력만으로 알 수 있는 것은 아니지만 제한되고 정해진 틀 안에서 만들어낼 수 있는 방법으로는 질문과 답변이 최선이 될 수 있으며 이 또한 공무원으로서의 실력이라고밖에 사료되지 않습니다. 같은 답변이라 하더라도 더욱 따뜻하고 안정적이며 대안과 계획을 갖춘 답변이 더해지면 합격으로 가는 길은 더욱 쉬워질 것입니다.

⑦ 지원자의 호감지수

앞서 말씀드린 바와 같이 면접이 시작되고 5초 이내에 호감 지수가 결정됩니다. 지원자의 복장 상태, 표정, 헤어스타일, 음색, 발성 등 면접에서의 첫 단추를 가장 잘 끼워야 하는 이유가 여기에 있습니다. 밝고 건강한 지원자를 추구하는 것이 너무도 당연하므로 오해의 소지가 있는 어두운 표정을 한 지원자라면 집중적으로 밝은 표정을 짓는 연습을 당부합니다. 면접관들의 입장에선 즉시 투입되어 즉시 민원인을 상대할 수 있는 지원자를 찾고 있는 것이기 모르기 때문입니다. 또한 젊은이로서 패기있는 모습도 중요하며 때에 따라선 명랑함과 재치 있는 모습도 보일 수 있어야 하겠습니다. 어떻게 보면 참 많은 것들을 요구한다고 볼 수도 있는데, 그렇습니다. 면접에서는 정말 원하는 것이 많습니다. 그것은 다른 기업도 사실상 마찬가지입니다. 준비된 지원자가 합격할 가능성이 높아지는 것 또한 그만큼 호감지수를 올려놓았기 때문입니다.

📁 공무원 면접 준비 시작하기

절대 해서는 안될 행동 수칙

ⓐ 면접 대기장
- 불필요한 잡담을 하지 않기
- 다리를 떨거나 꼬거나 쩍벌을 주의하기
- 지나치게 큰 소리로 웃거나 고성방가는 자제하기
- 옆 사람에게 피해를 주는 전화는 금물
- 세상 모든 근심과 애환 어린 표정으로 앉아 있지 않기

하루의 건강은 아침에 있듯이 면접의 시작은 대기장에서 시작된다 해도 해도 틀리지 않을 것입니다. 경험자들의 이야기에 따르면 대기장에서의 시간이 가장 빠르게 지나갔다고들 합니다. 이때 다른 지원자들의 모습은 제각각이지만 좋은 결과를 만들어낸 지원자들의 공통점 또한 대기실에서 차분히 마음을 다스린 사람들이기도 합니다. 면접 대기장에서도 공무원으로서의 본연의 모습을 잃지 않는 자세를 유지하는 것이 중요합니다.

ⓑ 면접장 앞
- 면접 관련 업무를 담당하고 있는 직원들에게 답변을 아끼거

나 성의 없이 답변하지 않기

- 면접장의 문이 열려 있다 하더라도 그냥 불쑥 들어가지 않기
- 필요 이상의 큰 소리는 자제하기
- 이동할 때 이제 막 시골에서 상경한 것처럼 두리번거리지 말기

안내에 따라 함께 조용히 이동하고 면접장 앞에선 가볍게 심호흡 한 번 한 후 노크는 3회 미만으로 하고 면접관들의 기척을 확인한 후 안정되고 편안한 얼굴로 입실하는 것이 가장 좋습니다.

ⓒ 면접장 입실 시

- 면접관에게 인사할 때 위로 치켜 뜬 눈으로 인사하지 않기
- 가급적 등받이에 기대지 않는 것이 바람직하나 신체 구조적 으로 불가피한 분은 살짝 기대 앉기
- 면접관의 '앉아요' 이야기에 그냥 앉지 않으며 감사인사 하기
- 지나친 발성은 오히려 반감을 살 수 있으므로 주의하기
- 목례와 정례의 구분을 확실하게 알아두기
- 앉으라는 이야기가 나오기도 전에 자리에 앉지 않기
- 면접관을 빤히 바라보거나, 비대칭 웃음을 짓지 않기
- 양손을 지나치게 사용하지 않으며 삿대질에 특히 주의하기
- 앉아 있을 때는 단정한 자세로 앉기
- 자신의 시선이 면접관보다 아래거나 위에 있다면 반드시 평

　면접장에 들어서면 사실상 표정관리가 어려워질 수도 있습니다. 예상하지 못했던 말과 행동이 나타나며 스스로 매우 곤혹스런 현상도 발생할 수 있습니다. 모든 일은 시작이 가장 어렵듯이 입실과 동시에 목례, 지원자 소개, 착석, 응답 순서로 척척 진행되어야 합니다. 평소 가정에서는 의자와 거울만으로도 충분히 연습할 수 있는 부분이므로 더욱 안정적인 모습을 갖추기 위해서라도 평소에 반복적인 훈련들을 통해 미리 준비해둬야 합니다. 마치 면접을 처음 보는 사람인 것처럼 두리번거리거나 주변인들에게 지나친 경계심을 보이거나 어리숙한 모습을 통해 시작하기도 전에 점수를 잃어서는 안될 일입니다.

　이때 시선 처리에 대한 기준을 말해 보면, 면접관들의 시선보다 아래쪽인 목이나 가슴 방향이 안정적이며 답변 과정에는 밝은 얼굴로 여러 면접관과의 시선을 맞춰 갈 수도 있어야 합니다. 지원자 자신의 의사와 상관없이 면접관을 뚫어져라 보는 시선은 좋은 결과를 만들지 못할 가능성이 높으므로 거울을 통해 웃는 얼굴로 말하는 연습도 꾸준히 이루어져야 합니다.

ⓓ 질문과 답변하기

- 긴장감에 의한 손장난이나 다리 떨기 등에 주의하기
- 질문의 의도에 집중하기
- 모르는 것을 모른다고 말하기
- 모르는 것을 안다고 답변하면 이후 압박면접으로 이어질 수 있다는 것에 유의하기
- 퀴즈 프로그램처럼 지나치게 급히 말하거나 무조건 빨라야 한다고 생각하지 않기
- 준비가 덜 된듯한 언어는 사용하지 않기
- 꾸밈없는 모습과 있는 그대로의 생각을 가지고 말하기
- 지나친 긴장으로 인한 엉뚱한 답변을 했다면 한 번쯤은 심경을 정리해서 말하기
- 틀린 답변을 말했다 하여 머리를 긁적이거나 비비 꼬는 모습, 한숨 등에 주의하기
- 일반 기업과 공무원의 차이점을 분류해두기
- 답변 중에 고개를 떨구거나 시선을 외면하거나 하지 않기
- 질문을 못 알아들은 경우엔 되묻기
- 답변에 자신 있어도 천천히 말해야 하며 답변의 마무리와 어미 처리를 깔끔하게 하기
- 정말 모르는 질문에 시간을 허비하지 않기
- 의자에 앉은 모습은 옆에서 봤을 때 85도나 90도를 유지하기

- 재킷의 단추는 풀지 않기
- 답변이 끝나면 도망치듯 나가선 안 되며 최대한 예의를 갖추고 인사하기

예상을 할 순 있지만 확신을 할 수는 없는 것이 면접입니다. 고양이와 같은 반사 신경을 갖추진 못했다 하더라도 반복훈련만으로도 심신의 안정을 얻을 수 있을 것입니다. 이토록 합격은 마음의 평정에서 비롯되므로 면접 전까지 자신을 혹사시키는 것도 좋은 방법이 될 수 있습니다.

ⓔ 면접장 퇴장 시

- 면접은 퇴장하는 순간까지도 신중하기
- 고개를 갸웃거리거나 불만족스런 표정을 하지 않도록 표정 관리하기
- 따뜻한 표정을 유지하며 정성이 담긴 인사하기
- 문 앞에서는 다시 한 번 목례하고 나가기
- 퇴장 인사에서 가장 이상적인 인사 각도는 30도
- 문 닫을 땐 두 손으로 정중히 닫아야 하며 "쾅" 소리가 나지 않도록 주의하기

지원자 대부분은 자신의 면접 이후에 더 잘할 수 있었던 자신을

발견하게 됩니다. 그 기간이 얼마나 길고 험난했든 상관없이 면접이 끝나는 그 순간만큼은 큰 해방감에 직면하게 될 것입니다. 하지만 끝까지 집중의 끈을 놓치지 않아야 합니다.

가능한 한 모든 면접 상황에서 호감으로 연결해야 합니다. 특히 공무원 면접에서의 호감은 공익성마저도 내포하고 있으므로 신뢰받는 호감을 위한 모든 전략을 알아둘 필요가 있겠습니다. 열 번이고 스무 번이고 그게 누구든 마주칠 때마다 인사를 하고, 웃는 얼굴에 침 못 뱉는다고 했듯이 지위고하를 넘어선 진심 어린 인사를 하는 것이 중요합니다. 여기서 인사는 단순히 고개를 숙이는 것만이 아닌 덕담, 날씨, 칭찬 관련 등의 모든 인사를 말합니다. 또한 살아있어야 합니다. 막 잡아 올린 활어보다 더 살아있는 적극성으로 답변합니다.

여러 지원자 중 자신은 노력하지도 않았으면서 면접관만 탓하는 사람들이 있습니다만 만약 자신이 면접관이라면 어떤 지원자에게 호감을 느꼈겠습니까? 면접관의 질문에 흐림 없는 똑바른 모습으로 질문의 핵심을 놓치지 않아야 합니다. 이때 두괄식 화법을 쓰는 것이 매우 바람직하며 장황한 답변이 되지 않도록 주의하시기 바랍니다. 은어, 비속어 등의 격조를 상실한 언어는 절대 사용하지 않아야 합니다. 면접 시작부터 끝날 때까지 밝은 미소를 잃지 말아야 합니다. 모르는 것은 중요하지 않습니다. 그보다는 알아가려는 자세가 중요한 것입니다.

주워듣게 된 이야기거나 자신의 주관이 아닌 답변은 자신의 주관이나 의견으로 바꿔 말할 수 있어야 합니다. 예상했던 질문이거나 유난히 자신 있는 질문을 맞이했다면 사실상 합격을 좌우하겠다는 신념으로 대답해야 합니다. 사례나 예화, 사건, 사고 등에 관한 증언들을 마음속으로 준비해 두시기 바랍니다. 개인적 사례가 아니라 하더라도 좋은 예화들은 그 쓰임새가 많기 때문입니다.

지나치게 화려한 복장이나 악세사리 등이 면접에서 도움이 되지 못한다는 것은 더 잘 알고 있을 것이라고 생각됩니다. 면접관으로부터 앉으라는 지시를 받은 이후엔 정중하고 밝은 표정으로 응답하며 자리에 앉길 바랍니다. 이 부분은 의외로 많은 지원자가 놓치는 부분이기도 합니다. 자신의 인상, 특히 시선에 대한 훈련을 틈틈이 하여 면접에서 오해로 이어지는 불미스러움은 없어야 합니다.

필요 이상의 큰 목소리이거나 기준치를 못 미치는 나지막한 목소리는 면접에서 불리함으로 작용될 수 있습니다. 불리한 정도가 아니라 치명적일 수 있으며 지원자 자신이 일부 포기했음을 전하는 것이라 해석되기도 합니다.

자신의 답변이나 태도에서 잘못되었다는 것을 느꼈다면 정중히 시정하는 것이 좋습니다. 정직함은 면접에서 가장 강력하며 필요한 무기 중 하나가 됩니다.

"죄송합니다. 다시 한 번 말씀해주시겠습니까?" 이 말을 두려워하지 않아야 합니다.

만일 면접 당일 지각을 하는 상황이라면 조금도 지체하지 않고 현재 상황을 신속히 보고 하는 것이 최선입니다. 시간을 지체하는 것은 더욱 치명적인 결과를 만들 수 있기 때문입니다. 하지만 제일 좋은 방안은 처음부터 지각을 하지 않는 것입니다.

📁 공무원 면접과 사전 조사서 쓰기

여러분이 생각하기에 사전 조사서의 목적은 무엇입니까? 공무원 지원자로서의 청렴성을 직ㆍ간접적으로 평가하기 위한 목적일까요? 아니면 간과할 수 있는 사항을 찾기 위한 점검의 개념이겠습니까?

그렇습니다. 사전 조사서의 목적이라 함은 해당 면접관들의 순조로운 면접을 위한 절차라고 생각하시면 되겠습니다. 가령, 짧은 시간동안 많은 인원의 면접을 치러야 하는 면접관들이 불필요한 질문들을 반복적으로 묻고 또 묻는 것보다 지원자가 제출한 사전 조사서를 통해 결격사유가 될 만한 내용이거나 특화된 이력 등에 중점적인 질문을 함으로써 면접의 시간을 줄일수 있기 때문입니다. 이 경우 보다 효율적인 면접이 진행될 수 있습니다. 그러므로 사전 조사서 작성시 다음과 같은 주의사항이 요구된다고 볼 수 있습니다.

- 지나치게 함축적이고 사실상 백지만도 못한 쓰기는 지양
- 과장된 내용을 포함한 자화자찬식의 서술 금지
- 너무 많은 내용과 장황한 전개방식은 면접관의 집중력을 분산시킬 수 있으니 지양할 것
- 비전문적인 표현기법으로 인한 편견 발생을 피하기
- 여러 문항에 같은 내용이 반복적으로 등장하지 않았는지 주의하기
- 경험에 의한 문구보다 설득을 위한 문구는 반감이 발생할 수 있으니 유의
- 관련 사건, 경험, 느낀 점, 활용 방안등을 순차적으로 기재

　다음은 공무원 면접과 사전 조사서의 흔한 문항으로서, 자주 출제되는 예상 내용입니다.

- 공무원이 되려는 이유

- 성장 과정과 어려움을 극복한 사례

- 공무원으로서 이루고자 하는 목표

- 자신의 성격적 장단점

- 협동심을 발휘한 사례

- 협업의 사례

- 갈등을 극복하거나 완화 시켜본 사례

- 최근 가장 열정을 갖고 도전한 일들

- 리더십 발휘 경험

- 자신의 대인관계 능력과 활용 근거

- 부정부패의 정의 및 원인과 대안

- 책임감을 발휘한 경험들

- 가족관계와 가족구성원과의 갈등해결 사례

- 봉사활동의 정의와 봉사활동 경험

- 창의력을 발휘하여 문제를 해결한 사례

- 공무원으로서의 계획과 포부

- 일반 직장인과 공무원의 차이점들

- 한중, 한일, 한미, 남북등 의 국제관계

- 자신만의 잠재력을 통해 문제를 해결한 경험

- 위기 대처능력과 순발력을 발휘한 사례

- 국가를 위해 노력해본 모든 것

- 법규의 중요성과 법규를 위반해본 사례
- 부정부패의 정의와 자신만의 공직관을 서술
- 우리 사회가 안고 있는 여러 사회문제와 대안
- 자신의 사회경험과 자격증 등의 활용 방안
- 국제화(다문화) 시대에 공무원이 갖춰야 할 사항들
- 수상 경력과 단체생활에서 인정받아온 내용들
- 다른 지원자들과 자신과의 차이점은?
- 자신이 면접관이라면 어떤 지원자를 합격시키겠나?
- 지역과 국가가 발전해야 하는 이유는?
- 지역과 국가발전을 위해 자신이 할 수 있는 일들
- 성취감을 느껴본 사례
- 전문 분야에서 인정받은 경험
- 자신만의 좌우명이나 존경하는 사람들

위의 여러 문항 중 무작위로 4~5문제를 선택해서 실전적인 사전 조사서를 작성해보길 바랍니다. 실체형 문제와 의미형 문제를 고루 활용하는 것이 정말 중요하며 면접관으로부터의 답변을 유도해내는 방식도 중요하다고 할 수 있습니다. 이후 자신의 작성된 사전 조사서를 보며 자신이 면접관이라면 무엇을 질문할 것인지에 대한 예측능력을 키워보는 것도 좋습니다.

📁 면접 성공을 위한 5분 스피치 연습

평소 발표 경험이 적은 면접자라면 이보다 부담스러운 장벽이 있겠습니까. 1분 자기소개도 진땀나기 마련인데 5분간 자기소개는 어떻게 할 수 있을까요? 하지만 지난 2015년 국가직을 필두로 5분 스피치가 등장했으며, 이후 서울시를 비롯한 지방직도 5분 스피치는 확산되고 있는 것이 사실입니다. 이는 무엇을 의미할까요? 맞습니다. 5분 스피치 면접방식의 실효성이 입증되고 있단 증거입니다. 고로 공무원 준비 중이라면 반드시 넘어서야 할 허들 중 하나가 5분 스피치라고 볼 수 있겠습니다. 그럼 5분 스피치에 대해 상세하게 파헤쳐 보겠습니다.

앞서 언급한 5분 스피치의 대표적인 실효성은 크게 네 가지로 나눌 수 있습니다. 첫 번째, 지원자 개개인이 스스로 좌천되는 효과가 발생됩니다. 이는 면접관 입장에선 매우 순조로운 면접 환경이 구축된다 할 수 있겠습니다. 두 번째는 면접관이 일일이 압박하듯 질문할 이유들이 현저히 줄어들게 되며 면접 소요시간도 사실상 단축되는 효과가 발생됩니다. 세 번째는 면접관 입장에선 마치 간단하게 프레젠테이션을 받는 것과 같으므로 서류와 지원자간 대질하기가 쉬워질 것입니다. 네 번째는 시간 대비 지원자 개개인의 열정지수, 객관성, 전문성, 심리상태, 공직자로서의 가능성, 심지어 위기

대처능력 등을 고루 분석할 수 있다는 것입니다.

따라서 여러분은 우선적으로 5분 스피치를 대비해야 하는 것이 아니라 왜 5분 스피치를 시키느냐에 밑줄을 긋고 대비해야 하는 것입니다. 5분간 무슨 말을 해야 하냐는 막연한 생각부터 버리기 바랍니다. 최소 25년 이상 살아 온 여러분이 5분간 자신의 이야기를 몇 마디 해주는게 어려운 일이겠습니까? 이렇게 생각하면 마음이 훨씬 수월해지지 않을까요?

5분 스피치의 기본적인 순서는 다음과 같습니다.
- 인사말, 심리상태, 각오 등
- 평소 좌우명과 해당 직렬, 직무의 적합성을 강조
- 공무원을 지원하게 된 1차적 계기
- 자신의 가정, 대인, 기타 집단 내에서의 행동적 특성
- 현 직무의 현황과 핸디캡
- 특화된 자신만의 장점과 특성
- 공무원으로서 가상의 진로설정
- 공약
- 발표 종료와 끝인사
- 본격 질의 응답

※ 예상 답안 <서울시 행정직 지원자 >

안녕하십니까. 면접관님 행정직을 지원한 응시번호 △△ ○○ 입니다. 우선 이 자리에 설 수 있도록 기회를 주셔서 진심으로 감사합니다. 그럼 행정직을 지원한 만큼, 민원인을 대한다는 마음으로 준비한 발표를 시작하겠습니다.

제 평소 생활습관은 아버지의 행동에서부터 비롯되었다고 할 수 있습니다. 평소 가정의 평화를 최우선으로 여기시던 아버지는 민폐를 끼치는 사람들을 상대로 그냥 지나치는 법이 없으며 바른 생각, 바른행동을 몸소 실천 하셨습니다. 어떻게 보면 공무원보다 더 공무원같은 아버지의 영향으로 사회질서, 봉사, 희생정신은 그 어떤 환경에서도 발휘될 수 있다고 생각합니다. 이후 청소년으로 성장하며 제가 해야하는 역할과 할 수 있는 역할에 대해 늘 고심 해 왔습니다. 고민 끝에 제가 해야 하는 역할은 은혜를 갚는 일이 었습니다. 그동안 부모님, 지역 주민, 국가 등 제가 성장하는 동안 많은 은혜를 받아 왔기 때문입니다.

또한 제가 가장 잘 할 수 있는 역할은 바로 사람을 상대하는 일입니다. 집안에서 새지 않는 바가지는 밖에서도 새지 않듯이 사람을 상대하는 업무에 적합한 지원자라고 강조하고 싶습니다.

뿐만 아니라 최근 다문화 사회가 되어버린 오늘날 먼저 친절하고 먼저 인사하며 먼저 귀 기울여줄 가능성은 그 어떤 지원자보다 앞선다고 말씀 드릴 수 있습니다. 이와 같이 제가 가진 장점을 우리 지역, 국가, 나아가 국민을 위해 활용할 수 있다면 이보다 더 가치있는 일은 없을 것이라고 생각됩니다. 그러므로 기필코 합격해서 최고의 공무원보다 최선을 다한 공무원으로 평가 받고 싶습니다.

시작은 다소 미흡하지만 시간이 갈수록 없어선 안될 인재 중한 명이 되겠습니다. 하루하루 제가 이 땅의 공무원이라는 사실을 잊지 않고 살아가겠습니다.

시작은 동작 빠른 신입 공무원으로, 이후엔 적재적소에 활용할 수 있는 꼭 필요한 공무원으로서 가장 많은 박수를 받고 싶습니다. 이렇듯 제 꿈이 모두 현실이 되었으면 하는 바람입니다. 끝까지 경청해주신 면접관님들께 진심으로 감사드립니다.

예문은 어디까지나 예문일 뿐입니다. 위의 예문을 통해 알 수 있듯이 5분간 할 말이 없다는 주장들은 그저 변명에 지나지 않습니다. 오히려 자신에 대해 더 구체적으로 알릴 수 있는 기회의 시간이 5분 스피치라고 할 수 있습니다.

본격적으로 압박질문 후폭풍에 맞서 보겠습니다. 위의 예시문 중 일정 부분이 압박을 부르는 말들이 될 수 있습니다. 이렇듯 면접의 압박질문 또한 지원자 입장에서 직접 유도 해낼 수 있으므로, 자신의 질문을 자신이 만들어낸다는 사실을 잊지 말길 바랍니다.

Q: 아버지의 행동은 주로 어떠했는지 예를 들어 보세요.

Q: 봉사활동 사례와 활성화 방안을 설명하세요.

Q: 어떤 은혜를 받아 왔다는 것인가?

Q: 행정직으로서 다문화 사회에 기여할 수 있는 것은?

Q: 외국어 가능한가?

Q: 자신의 장점은? 장점 세가지 이상 말해보세요.

Q: 행정직 공무원의 역할은?

Q: 사기업의 스카우트 제의를 받는다면?

Q: 오늘 탈락된다면 다음 계획은?

앞서 제시한 예상 응답에서라면 위와 같은 질문을 맞이하게 될 가능성이 높아질 것입니다. 고로 면접장에서 말하는 모든 말은 꼬리에 꼬리를 물며 불편함을 연출할 수밖에 없다는 사실을 늘 유념하길 바랍니다.

02
기업체 면접도 빠릿빠릿하게

　최근 면접을 경험했던 여러분이라면 어느 정도 공감하겠지만, 면접이 점점 까다로워지고 있습니다. 이것은 무엇을 의미하는 것이겠습니까. 그저 답변을 잘 하는 사람을 찾는 것도 아니며 외모만으로 결정지을 문제도 아닐 것이며 지원자들의 능력에 의존할 수 없다는 기업들의 입장을 감지해 볼 수 있겠습니다. 그러나 눈에는 눈, 이에는 이, 귀에는 귀로 맞서야 하듯이 새로운 면접 방식에 새로운 의지로 맞서야 합니다.

　누군가는 문답형 질문을 경험하는 가운데, 또 누군가는 제시되는 주제로 하여금 프레젠테이션 면접을 치러야만 했을 것입니다. 그러나 지원자가 감당해야 하는 부담지수가 높을수록 사실상 희소식이라 규정할 수 있습니다. 그 이유는 면접 과정이 복잡할수록 지원자 개개인의 숨은 재능과 잠재성, 창의성, 일관성, 위기 대처능력 등을 직·간접적으로 파악하기 위한 노력의 증거이기 때문입니다. 거꾸로 말하면 단순질문과 답변만이 전부였던 면접이라면 그 자체가 사실상 즉결심판과 다를 것이 없다고도 말할 수 있습니다.

그렇다면, 정말 고맙지만 한편으로는 쉽지 않은 특수 면접의 세계로 알아보겠습니다.

📁 프레젠테이션 면접

프레젠테이션 면접은 최근 토론 면접과 더불어 그 활용도가 점차 커지고 있습니다. 기업에 따라 5분 미만의 방식으로 진행되는 경우부터 20분 이상의 긴 시간을 통해 지원자들의 또 다른 역량을 파악할 수 있으므로 기업에서도 효율적으로 적용하고 있습니다.

물론 지원자들에겐 두말할 필요도 없는 스트레스가 될 수 있을 것입니다. 하지만 세상에 쉬운 일은 정말 없나 봅니다. 그러나 기업의 입장에선 이러한 면접 방식이 더 참신하고 유능한 인재를 선발할 수 있는 방식이므로 미리미리 대비해야 합니다. 옛말에 지피지기면 백전백승이라 했듯이 이젠 프레젠테이션 면접을 통해 오히려 일반적인 면접에서는 찾을 수 없는, 그 밖의 능력을 발산할 수 있는 기회의 시간으로 만들어야 하겠습니다.

각 기업마다 특성이 다르고 의도가 다른 만큼 인성 면접만으로는 알 수 없는 창의적 감각, 설득력, 사실적이고 적절한 예화, 표현기법과 논리적 사고를 읽을 수 있으며, 면접관들의 입장에서 간접적으로 이들의 능력을 파악할 수 있으므로 일거양득의 효과를 기대할 수 있습니다. 프레젠테이션 면접을 준비하면서 가장 핵심이 되어야 하는 부분은 지원자 자신의 직무와 부서에 적절한 프레젠테이션 능력(발표 내용 중 어디에 비중을 두느냐)입니다.

이를테면 기획, 마케팅 부서에선 전략적이며 미래지향적인 창의력과 참신성이 돋보여야 할 것이며, 홍보부서인 경우 많은 예화와 사례에 비중을 두는 것이 바람직하다고 할 수 있습니다. 이 밖에도 R&D 부서나 엔지니어 부문이라면 실질적인 원리와 실체에 접근하는 것은 물론 지원자 자신의 경력 및 프로젝트 성공사례나 자격증을 통해 신뢰감을 확실히 전달할 수 있어야 합니다.

프레젠테이션 면접 전개방식

이어서 프레젠테이션의 일반적인 시나리오와 레퍼토리에 대해 알아보겠습니다. 결코 절대적이지 않은 통상적인 프레젠테이션의 구성방식이므로 잘 숙지하여 보다 원활한 프레젠테이션이 되길 바랍니다.

통상적인 프레젠테이션의 구성방식

ⓐ발표 주제 및 인사말

ⓑ문제 제기

ⓒ묻고 답하기

ⓓ사례, 예화의 언급

ⓔ방안, 대안, 대책 마련

ⓕ기대효과

ⓖ질의응답

ⓗ끝인사말

ⓐ발표 주제 및 인사말

세상 모든 일이 그러하듯 시작이 매우 중요합니다. 같은 인사말을 하더라도 밝고 맑은 현장 리포터와 같은 원기 왕성한 음성으로 과감히 시작해야 합니다. 다른 상황에서도 마찬가지지만 프레젠테이션 상황에서도 면접관님께 인사할 땐 절도와 패기도 중요하지만, 유연한 음성과 안정적 자세가 무엇보다 더 중요하다는 것을 잊어선 안 됩니다. 특히 고개를 숙이는 동작에선 충분히 정중하게 인사하도록 합니다.

ⓑ 문제 제기

일반적인 인성 면접에서 마주하던 면접관은 인사담당자 및 관할 부서장이라면, 프레젠테이션 면접의 경우는 이와 더불어 실제 업무에서 함께할 실무자급의 면접관을 마주 할 가능성도 있습니다. 이에 발표에 앞서 실질적으로 일어날 수 있는 문제점을 논지 삼아서 보고 듣는 이들로 하여금 공감대를 상승시키는 것이 매우 중요합니다. 따라서 면접관 입장에선 어쩔 수 없이 듣는다기보다는 들을 수밖에 없도록 말하는 과정이 중요하다고 볼 수 있습니다.

ⓒ 묻고 답하기

수사법 가운데 설의법, 혹은 문답법을 적절히 활용하는 형태를 의미합니다. 물론 설의법이라 하여 듣는 이들로 하여금 스스로 결론을 내릴 수 있게끔 하는 것도 중요하지만, 순간순간 스스로 답변하는 것 또한 고급 기술 중 하나가 될 수 있습니다.

이렇듯 프레젠테이션 과정에서 잠시나마 묻고 답하는 기법을 통해서 지원자의 설득력을 강화할 수 있습니다. 또한 일반적 지원자들이 쉽게 시도할 수 없는 기법을 적용하면서 비교 우위적인 경쟁력을 통해 더 나은 결과를 만들어 낼 가능성이 높다는 것을 강조합니다.

ⓓ 사례, 예화의 언급

구슬이 서 말이라 해도 꿰어야 보배라 했듯이 짧은 시간이었지만 그동안 자신이 언급했던 제시어들의 실질적인 모습을 보일 수 있을 때 지원자에 대한 신뢰감이 높아지게 될 것입니다.

이때 주의사항이 있다면 프레젠테이션 상황에 예화나 사례를 전하기엔 숙달되지 않은 이상 그 유연성을 좀처럼 발휘하기가 힘들다는 것입니다. 그러므로 다음과 같은 접속성 언어들에 익숙해질 필요가 있습니다.

- 한 가지 예를 들자면
- 얼마 전 TV 보도에 따르면
- 이러한 사례를 굳이 말씀드리자면

ⓔ 방안, 대안, 대책마련

프레젠테이션 진행 과정에서 면접관들의 집중도가 높아지는 대목이 이 부분입니다. 그들은 어쩌면 처음부터 말만 번지르르하게 잘하는 지원자를 찾던 것이 아니었을 수도 있기 때문입니다. 마치 축구 경기장에서 공격수, 수비수, 미드필더들이 아무리 티격태격 한다 하더라도 결국은 공을 골키퍼 앞으로 몰고 와야 하듯이 프레젠테이션 역시 결국은 해답을 제시해야 할 것입니다.

방안, 대안을 언급하는 과정에선 '첫째', '또한', '마지막으로' 등의 말을 통해 보다 더 유연하고 부드러운 전개 방식을 택하여 말하는 것에 익숙해져야 합니다.

ⓕ 기대효과

거의 막바지 단계로서 지원자가 주장하는 내용의 결정체와 같은 단계입니다. 확고한 신념을 바탕으로 강력히 주장하는 발성과 휴지(休止) 처리로 지원자의 설득력을 굳혀 가는 단계라 하겠습니다. 이처럼 기대효과를 언급한 이후엔 더 부수적인 언어들을 통해 면접관들에게 확신을 심어줄 수 있어야 하는 점이 중요하다 하겠습니다.

ⓖ 질의응답

실제 프레젠테이션을 끝마치는 과정에서 유난히 많은 질문을 받는 지원자가 있는가 하면, 면접관들의 별다른 질문 없이 프레젠테이션을 마무리하는 지원자의 유형도 볼 수 있습니다. 모두가 그러하진 않겠지만, 질문을 많이 받는다는 것은 대략 두 가지 상황 중의 하나가 아닐지 생각해볼 수 있겠습니다.

첫 번째는 면접관들의 심기를 자극할만한 내용을 언급했거나, 두 번째는 면접관들의 입장에선 매우 참신한 내용이거나 적용 가능한 아이디어였다거나 하는 등의 매우 긍정적인 측면에서의 질문들이라고 볼 수 있겠습니다. 이처럼 자신의 프레젠테이션을 끝마치는 시점엔 차후 받게 될 여러 예상 질문에 대해 작게나마 마음의 준비를 해야 합니다.

ⓗ 끝 인사말

비교적 짧은 시간 동안 프레젠테이션을 잘했든 못했든 간에 마무리를 안정적으로 하는 것 또한 인재로서의 기본사항입니다. 그러므로 밝은 표정과 당당한 음성으로 마무리 인사를 하기 바랍니다.

📁 집단 토론 면접

프레젠테이션 면접과 마찬가지로 일반적인 인성 질문을 통해선 좀처럼 파악하기가 어려운 지원자, 그들의 실체를 파악하기 용이한 형태로서 지원자들에겐 가장 긴장감이 도는 면접이기도 하지만 철저히 준비된 지원자의 경우라면 오히려 자신의 모든 것을 보여 줄 수 있는 훌륭한 기회가 될 수도 있는 면접 방식입니다. 주로 상반되는 개념의 주제를 설정하는 경우가 많으며, 개인전이 아닌 단체전일 수밖에 없는 면접의 형태이므로 조직 구성원으로서의 패기와 주도권, 팀워크 등의 기본 준수사항을 갖춰야 하겠습니다.

집단 토론 면접 용어와 사회자

토론에서 쓰는 용어로는 찬성 측, 반대 측, 반론, 반론제기, 이의, 최후발언 등이 있으며 같은 말이라 하더라도 보다 공식적이고 격조를 유지해야 하며 토론은 공격적이고 전투적이어야 한다는 관념을 고집하지 않아야 합니다. 또한 지원자 중에 사회자가 되는 경우가 있습니다. 이에 대비하여 사회자들이 쓰는 용어들 또한 참고로 숙지해두어야 합니다. 실제로 사회자가 될 가능성을 고려해 사회자로서 갖춰야 할 자세와 태도를 언급해보면 다음과 같습니다.

- 시작 시간과 끝마칠 시간을 목숨처럼 지킬 것
- 발언 시간이 비교적 긴 지원자거나 다소 무례한 지원자에 한하여 규제할 것
- 소극적 태도나 참여의지가 없어 보이는 지원자들에게도 충분한 기회를 줄 것
- 사회자 자신의 주관이나 불평등한 태도는 결코 보여선 안 되며 끝까지 중립을 유지
- 토론면접에서 사회를 본다는 것은 다른 지원자들보다 훨씬 유리한 입장임을 잊지 말 것

집단 토론의 목적

- 토론 주제에 대해 정확히 숙지했으며 얼마나 논리적인 사고와 발표력으로 임하는가?
- 지원자들 사이에서 얼마나 빠른 적응을 통해 팀원들과 협동 단결하는가?
- 시간을 지연시키지 않으며 주도적인 모습을 통해 적절한 리더십을 발휘하고 있는가?
- 결론보다는 해당 주제를 얼마나 체계적이고 객관적이며 조리 있게 전개를 하는가?
- 감정적인 모습보다는 안정적 자세와 경청하는 자세를 기본으로 예의를 갖추고 있는가?

집단토론 주의사항

토론 면접 또한 지원자 개개인이 평가받는 자리이니만큼 다음과 같은 사항을 주의해야 합니다.

- 불필요한 설명을 전개하기보다는 결론부터 말하는 두괄식 화법을 사용
- 반박만이 최선이 아니듯 역지사지 정신에 입각하여 경청을

병행하며 발언

- 지나친 흥분이나 감정적인 반응에 주의하고 필요 이상의 언성의 높낮이에 주의
- 상대측의 사소한 발언에 집착하지 않고 전체적인 의미에 초점
- 예상 밖의 반론에 당황스럽다 하더라도 유연함을 잃지 않는 모습으로 답변

지원자들의 심리 분석

함께 있는 동료는 동료가 아니라 경쟁자이며, 그러한 경쟁자들과 함께 더 많은 경쟁자들에 대항해야 하는 참으로 웃지 못할 상황이 바로 집단토론 면접입니다. 지원자 모두는 한결같이 합격이란 목표를 앞두고 참여하고 있으며 최대한 면접관들을 상대로 더 나은 모습, 더 준비된 모습을 보이고 싶어 할 것이기 때문입니다.

먼저 토론 면접 시작 전, 토론 면접 중, 토론 면접 후로 나누어서 각각의 심리 상태를 예측해봅니다. 이는 절대적이지 않은 만큼 그저 참조 사항으로 이해해주시기 바랍니다. 그저 지피지기면 백전백승이라는 생각에 입각하여 읽길 바라며 나 자신을 대하듯 상대를 대해야 합니다.

① 토론 시작 전

면접 전은 가장 적극적인 모습을 보이고자 노력할 때입니다. 또한 어떤 주제가 등장할지에 대한 적잖은 불안감이 생겨날 것입니다. 자신보다 더 뛰어난 지원자에 대해 예측하고 경계하고, 면접관들로부터 이목을 집중시키고 싶어 하는 때이기도 합니다. 그러나 한편으로는 함부로 뛰어들기보다는 상대측의 실력이 궁금하여 발언을 아낄 수도 있고, 같은 팀원들과의 마찰 없는 이상적인 협조를 기대하고 있을 것입니다.

② 토론 중

이때는 같은 팀원들의 발언에 자신이 말하지 못한 일부의 아쉬움을 느낄 수 있습니다. 특히 자신의 발언 후 상대측의 반박이 거세질까 신경이 쓰일 것입니다. 우리 측 발언 내용이 어느덧 바닥을 보이며 불안감이 밀려올 수도 있습니다. 특히 이때는 면접관들의 관심이 어느 측 누구에게 기우는가에 대해 관심이 집중될 것입니다. 상대의 공세에 최대한 침착함을 잃지 않으려 애쓰게 될 수도 있습니다. 또한 나에겐 발언 기회가 오지 않으면 어떡하나 불안하게 생각할 수도 있습니다.

③ 토론 후

이 무렵에는 전체 지원자 중 자신이 가장 부족한 모습을 보였을 것이라고 생각하게 되는 경향이 있습니다. 토론 중 가장 적극적이 던 누군가가 가장 먼저 합격될 것이라고 넘겨짚을 수도 있습니다. 또 토론 내내 나를 불편하게 하는 사람이 있었고 그로 인해 스스 로 불리했다고 생각이 들 수도 있습니다. 자신이 팀에 협조한 만큼 팀원들의 협조 여부에 불만이 생길 수 있습니다. 한편으로는 다음 에 또 다시 기회가 생기면 가장 잘 해낼 수 있다고 다짐하게 될 수 도 있습니다.

토론 면접에서의 요령들을 추가하자면 면접이 시작되기 전 자 기 자신을 향한 동기부여 또한 매우 중요합니다. 어떤 주제라도 주 도권을 잡고, 가장 먼저 손들고 가장 위풍당당하고, 반드시 방법이 있을 것이라는 생각과 면접 끝날 때까지 약해지지 않겠다는 생각 이 바로 그런 것들입니다. 이러한 동기부여로 충분한 정신무장을 하여 팀원들로부터, 면접관들로부터 최고의 지원자라는 찬사를 받 아 내길 바랍니다.

집단토론을 위해 고심해야 할 다섯 가지
①무엇을 주장할 것인가? 어떻게 주장할 것인가?
②상대측의 공감을 얻어낼 것인가? 면접관들의 공감을 얻어낼 것인가?
③지금 말할 것인가? 다음 기회에 말할 것인가?

④좌절할 것인가? 방법을 찾을 것인가?

⑤누가 먼저 말할 것인가? 누가 어떤 말을 할 것인가?

📁 합숙 면접

기업을 운영하는데 결정적인 핵심동력은 무엇이겠습니까? 여러 가지가 중요하겠지만 그중 단연 결정적인 요소가 바로 인재입니다. 기업이 추구하는 목표와 전략을 동반할 수 있는 1차적인 요소가 인 재이기 때문입니다. 하지만 인재를 선발하는 방법에 있어서 대부 분 제약이 따르던 것이 사실입니다. 이에 합숙 면접이 등장하게 되 었고 최소 1박 2일부터 최대 1주일간 합숙 면접이 진행되는 경우도 자주 볼 수 있습니다. 사실 기업을 이끌어 갈 인재를 채용하는데 이 보다 더 좋은 방법이 없을 것입니다. 그렇다면 합숙 면접에 대비하 는 방안과 요강 전반에 대해 알아보겠습니다.

① 합숙 면접에선 주로 무엇을 하는가?

합숙 면접은 일반적으로 해당 기업의 연수원이나 체육시설 및 등반 코스가 보장된 수련원에서 실시되는 것이 보통입니다. 첫째 날부터 간소한 입소식은 물론 각 조로 편성될 가능성이 높고, 면접 이 끝나는 날까지의 일정 및 주의 사항을 전해 듣게 될 것입니다.

일반적인 인성 면접은 물론 프레젠테이션, 집단토론 면접도 불가피한 상황입니다. 그 밖에 분임토의, 레크리에이션, 3분 스피치, 세일즈 면접, 아이디어 토의, 산악등반, 롤플레잉, 영어퀴즈, 논술평가, 레고 프레젠테이션 등 종류와 평가 방식도 다양하게 이루어질 수 있습니다.

- 분임토의 : 소통능력, 적극성, 협동심, 리더십, 창의력, 기초 인성의 평가

- 레크리에이션 : 단합력, 열정, 리더십, 책임감, 승부근성, 투지, 예능감을 평가

- 3분 스피치 : 논리력, 설득력, 자신감, 주관, 상식, 발표력, 응용능력을 평가

- 세일즈 면접 : 순발력, 아이디어, 설득력, 기업현황, 고객관, 재치와 유연성 평가

- 아이디어토의 : 아이디어, 소통능력, 배려심, 기초인성, 자신감, 시장분석 능력 평가

- 산악등반 : 기초체력, 단체 적응력, 단합력, 근성 평가

- 롤플레잉 : 내면 잠재력, 표현력, 겸손함, 배려심, 분석능력 평가

- 영어퀴즈 : 실무 가능성, 과감성, 순발력, 경험치 평가

- 논술평가 : 논리력, 주관, 순발력, 상식, 어휘력 평가

– 레고 프레젠테이션 : 팀워크, 설득력, 아이디어, 적극성, 창의
력, 기교성 평가

② 어떤 기업이 합숙 면접을 하는가?

합숙 면접 하면 우선적으로 떠오르는 것이 금융기업일 것입니다.
그도 당연한 것이 오늘날의 합숙 면접을 주로 이끌어온 기업들이
대부분 금융기업들이었기 때문입니다. 금융권 특성상 금융시장 분
석력, 업무 스트레스에 대한 적응력, 고객을 상대하는 여유와 부드
러움, 신뢰를 좌우할 예의와 도덕성의 가치가 상대적으로 높은 것
이 이유라고도 할 수 있습니다. 하지만 시간이 흐를수록 합숙 면접
을 추구하는 기업들이 늘고 있는 모습이므로 한발 앞선 자세가 요
구되고 있습니다. 우리은행, 기업은행을 필두로 포스코, SK, LG생
활건강, 대우조선해양, 한미 약품 등의 기업이 합숙 면접을 보는 대
표적인 기업입니다. 합숙 면접만의 독특한 분위기와 기대 이상의
효과를 미루어 볼 때 이러한 분위기는 향후 국내 여러 기업에 확산
될 전망입니다.

③ 합숙 면접의 전략

많은 지원자들이 공통적으로 겪는 고충이 있다면 단연 지원자
자신의 스케줄을 합숙 면접에 맞춰야 한다는 것입니다. 기업체들
의 면접 시즌이 자주 겹치는 특성상 두 마리 토끼를 다 잡을 수 없

다는 입장이므로 꽤 많은 분들이 스트레스를 받기도 합니다. 하지만 필자의 생각은 다릅니다. 기업혜택, 연봉, 노후복지 따져볼 것 다 따져보다가 여러 버스를 놓쳐버린 경우를 자주 본 만큼 신중한 선택으로 신중히 임하여 좋은 결과를 만들고 훌륭한 사원이 되어야 한다고 생각하기 때문입니다. 옛말에 남의 떡이 더 커 보인다고 했듯이 지원자들 또한 더욱 편하고 쉬우며 높은 대우를 원하는 입장은 같을 것이라고 봅니다. 그렇다면 애당초 해당 기업에 지원하지 않았어야 할지 모를 일입니다. 그렇지 않다면 자신의 선택에 책임지는 마음이라도 발휘하여 더 나은 모습을 보여야 할 때라고 생각합니다.

주요 전략은 다음과 같습니다.

ⓐ가장 먼저 기상하고, 가장 먼저 집합 장소에 도착합니다. 합숙 면접 시작부터 끝날 때까지 지원자들의 행동 하나하나가 평가되고 있음을 잊지 말아야 합니다. 꼭 늦는 사람들이 또 늦기 마련입니다. 지원자를 보면 아침 출근 시간에 어떻게 행동할 것인가 보이기 마련입니다.

ⓑ주도권을 잡아야 합니다. 사실 잘하고 못하고는 중요하지 않습니다. 시도하느냐 안 하느냐가 더 중요하기 때문입니다. 토

의 상황이든, 체력 테스트든, 오락 시간이든 마치 자신을 위한 시간인 듯 최대의 적극성을 발휘해야 하겠습니다. 이를테면 식사시간이나 프로그램의 시작 전·후 모두에게 "식사 맛있게 하십시오." "모두들 애쓰셨습니다." 하는 등의 언행이나, 자발적인 참여가 요구되는 상황에선 "제가 먼저 하겠습니다." 하는 등의 자신 있고 거침없는 모습을 보여야 합니다. 미풍양속을 해치는 행동이나 불필요한 언행으로 오히려 감점 대상이 되는 일은 없어야 할 것입니다. 늘 신중함을 잃지 않는 것이 제일 중요합니다.

인사와 인상과 일관성

많은 지원자들이 합숙 면접에서 자주 놓치는 부분이 있다면 바로 성실함일 것입니다. 우리 모두는 어린 시절 등하교 길에 선생님을 만나면 만날 때마다 인사를 했던 기억들을 모두 갖고 있을 것입니다. 그렇다면 '인사는 언제 해야 합니까?'라는 질문에 가장 좋은 대답은 하루 종일 해야 한다는 것입니다. 인사라는 것이 "안녕하십니까?"가 전부라고 생각하진 않을 것입니다. "식사 하셨습니까?" "날씨가 제법 쌀쌀합니다." "○○님 운동 상당히 잘 하십니다." 등의 먼저 건네는 인사말에 인색해선 아니 될 것이며, 합숙 면접이 끝나는 그 순간까지도 마찬가지입니다. 삶의 애환이 담긴 얼굴 표정이나, 집안에 우환이 깃든 표정은 좋은 평가를 받지 못하는 것이 당연합니다. 합숙 면접이 며칠 동안 이어진다 한들 일관된 다짐, 같은 각오로 행동해야 합니다.

합숙 면접의 주의사항

경쟁자인가, 동반자인가?

합숙 면접에 함께 임하는 지원자들은 동반자란 개념으로 인식해야 합니다. 조직 내에서 단합되는 능력만큼 소중한 가치가 또 있겠습니까. 다른 지원자들이 엄밀히 경쟁자인 것은 사실이지만 동료 지원자들을 가리는 것은 어디까지나 면접관들의 몫임을 명심해야 합니다.

무조건 일찍 잠자리에 들기

합숙 면접이 즉흥력, 인성, 아이디어, 단합력, 소통능력을 주로 추구하지만 결코 간과해선 안 될 것이 바로 체력 아니겠습니까? 새로운 환경에서 새로운 사람들을 만나니 당연히 들뜨고 설레고 궁금하기 마련일 것입니다. 하지만 지금 이 순간은 수학여행이나 동원예비군 훈련이 아니며 자신의 인생을 걸어야 하는 면접의 일환인 것을 간과해선 안 될 것입니다. 충분치 못한 수면 상태에서 언어능력이나 순발력은 현저히 떨어지게 됩니다. 수면 시간만이라도 두뇌와

오장육부를 쉬게 해야 합니다. 특히 늦은 밤 스마트 폰 사용이나 각종 통신기기 사용은 다른 지원자들에게도 결례되는 행동이므로 각별히 주의하길 바랍니다.

기본 생활 습관

두발, 수염, 복장은 물론이고 오고 가는 자세 중 다소 불량스런 걸음걸이나 아무 데서 고성방가를 하고 침을 뱉으며 함부로 담뱃불을 붙이는 행동은 합숙 면접을 세상에 존재하게 만든 이유가 아닌가 생각될 정도입니다. 마치 바른생활 사나이처럼 행동해야 한다는 게 아닙니다. 최소한 주변 다른 지원자나 면접관에게 피해를 주고 있거나 다른 지원자들의 자유를 침해하고 있지는 않는가에 대한 생각을 게을리 하지 말아야 합니다.

📁 블라인드 면접

블라인드(Blind) 면접이란 지원자의 출신, 과거 성과에 대해 구체적인 파악이 되지 않은 상태에서 치러지는 면접의 형태를 말합니다. 블라인드 면접이 탄생하게 된 이유는 지원자에 대한 기본 정보가 노출된 상태에서 비롯되는 여러 불미스런 상황을 예방하고자 하는 것이라 해도 과언이 아닐 것입니다. 블라인드 면접을 통해 지원자 모두에게 사실상 공평함을 제공할 수 있으므로 기업의 입장에선 매우 형평성을 중시한다는 것을 간접적으로 이해할 수 있기도 합니다. 이러한 블라인드 면접으로 인해 면접 자체가 매우 불리함으로 다가오는 지원자도 있겠지만, 자신의 필기 점수가 노출되지 않은 즉, 필기 점수가 안정적이지 못한 지원자에겐 한편으로 유리함이 될 수도 있겠습니다. 하지만 공무원을 비롯한 대부분의 면접에선 이후 면접 점수와 필기 점수를 합산하는 경우가 많으므로 어느 쪽이 더 유리하다고 단정 짓기가 어렵다 할 수 있습니다.

이렇듯 블라인드 면접 방식이 한편으론 불편함으로 다가오는 것이 사실이지만, 합격자들에겐 다소 만족스러운 입장을 보이는 사례가 많습니다. 한편 기업의 입장에선 지원자들의 실질적인 직무 능력을 파악할 수 있는 방법 중 하나이므로 많은 지원자들의 블라인드 면접 준비 모습을 쉽게 만나볼 수 있습니다. 면접관들의 입장에선 오직 지원자들의 품행, 순발력, 태도 등을 우선적으로 평가하게 되는 것이므로 다음과 같은 주의 사항이 요구됩니다.

- 입장, 퇴장 시 안정적인 인사를 위해 평소 거울 앞에서 자신의 몸가짐을 자주 점검해야 합니다.
- 물론 다른 면접도 마찬가지겠지만, 면접관이 질문을 두 번하게 하지 않도록 질문의 의도를 신속히 파악하고 답변해야

합니다.

- 답변을 하는 과정에서 불필요한 답변이 되지 않도록 신경 써야 합니다.

- 자신의 이력이나 기록이 언급되지 않는 상황이므로 관계지향성 답변에 충분히 익숙해있어야 하며 어떤 답변을 하더라도 최소의 신뢰감을 잃지 않도록 주의해야 합니다.

📁 영어면접

모든 면접 지원자들의 공공의 적은 영어면접 아니겠습니까? 국제 공용어라는 이유로 직장 생활에서도 영어를 자유롭게 구사하는 직원이 더욱 광범위한 활동을 하게 될 가능성이 높아졌을 뿐만 아니라 최근 여러 기업에서도 빠짐없이 등장하고 있는 이 영어면접의 세계를 탄탄히 준비하여 실제 면접에서도 멋지게 구사해보시기 바랍니다.

주요 질문들 가장 흔한 경우가 자기소개 해보라는 질문일 것입니다. 이때 혼동이 없으시기 바랍니다. "본인 PR 해보세요." "1분 자기소개 해보세요." 하는 등의 질문들이 섞일 순 있지만 결과적으론 같은 질문이기 때문입니다. 만일 면접관이 본인 소개하라고 질문한 후 그 다음에 1분 PR해보라고 묻는다면 그것은 면접관의 실수라고 볼 수 있습니다.

일반적으로 소요 시간은 45초에서 1분 정도가 적당하며 몇몇 기업에선 2~3분을 요구하는 경우도 있습니다. 본인소개용 답변 내용으로는 다음과 같은 내용들을 첨가하는 것이 이상적이라 하겠습니다.

- 간단명료한 인사
- 주요 전공 및 출신학교
- 연수경험, 인턴경험, 아르바이트 및 사회활동 경험과 직장생활(경력자) 등의 과거 경험
- 자신만의 주요 장점과 주특기
- 자신의 주요 관심사와 가장 자신 있는 직무

이어서 자신이 가지고 있는 장단점 혹은 업무적 장단점 등을 질문하게 될 것입니다. 이때 자신이 말하고 있는 장점은 다른 지원자들도 말했을 가능성이 높다는 점을 미리 인지해야 합니다. 대부분의 지원자들이 마치 약속이라도 한 듯이 장점을 과반수로 답변하고 이어서 단점을 마지못해 언급할 가능성이 있기 때문입니다.

업무적 장점은 자격증, 업무적 경험, 해당 업무에 적격성 등을 언

급하면 매우 좋습니다. 자신의 성격과 일치하는 부분을 강조해도 좋으며 면접관들이 신뢰할 수 있도록 자신을 확실히 광고해야 합니다. 물론 없는 사실을 만들어 내진 말아야 합니다. 단점을 말할 땐 누구나 단점이 있기 마련이니 굳이 회피하려는 자세를 보이지 않습니다. 오히려 자신의 이러한 단점을 보완하기 위한 노력을 해본 적 있다면 그러한 노력의 과정과 소소한 결과들을 언급하는 편이 좋습니다.

왜 자신이 채용되어야 하는지 의구심이 생긴다면, 이는 어쩌면 자신에게 기회가 다가오고 있다고 봐야 할 것입니다. 이는 어쩌면 슛 찬스에 골키퍼가 골대를 비운 상황과 유사합니다. 회사 측에서 요구하는 매우 이상적인 인재상에 자신을 결부할 수 있는 기회이기 때문입니다. 또한 기회가 기회이니만큼 자신이 바로 기업에서 애타게 찾고 있는 바로 그 인재라는 것을 강조할 수 있는 개방형 기회이기도 합니다. 한 차원 더 나아가 자신의 채용 이후 회사 측에 안겨다 줄 여러 이로움을 강조해야 할 것입니다.

다음으로 여러분은 면접의 꽃과 같은 질문이 무엇이라고 생각합니까? 바로 지원동기입니다. 흔히 여러 지원자 중 지원동기를 말할 때 마치 대국민 연설을 하는 듯 필요 이상으로 철학적이고 도전적인 사람들이 있습니다. 물론 이런 점을 지적하려는 것은 아닙니다.

지원 동기는 결국 이 회사에 왜 왔느냐의 문제가 아니겠습니까. 답변을 하는 과정에 빠지지 않고 등장해야 하는 것이 바로 왜 지원 했는가에 대한 명분입니다. 지원동기를 말할 때 첨가하면 좋을 만한 내용은 다음과 같습니다.

① 기업의 목표와 경영방식 그리고 자신
② 기업의 장래성과 평소 호감지수
③ 기업의 인재상에 적격유무
④ 자신의 전공과 일치여부 및 업무적 자신감

마지막으로 목표와 포부 부문입니다. 통계적으로 이러한 질문이 등장한다는 것은 면접 시간이 끝으로 진입한다는 것을 의미하기도 합니다. 또한 이처럼 미래형 질문이 많이 등장하면 등장 할수록 합격률이 높아지고 있다는 말이며 한편으론 거부할 수 없는 일리 있는 주장들이 받아들여지는 현상이라 하겠습니다. 구체적인 업무 계획이나 언제까지 근무하겠다는 내용, 이 회사를 통해 자신만의 목표를 향해 달리겠다는 의지와 열정을 보일수록 유리해지게 됩니다. 영어 면접 상황에서 자주 등장하는 질문들과 대비해야 하는 질문들은 다음과 같습니다.

① 1분 자기소개 해보세요.

②자신의 장단점을 말해보시오.

③다른 지원자들과의 차이점은 무엇입니까?

④우리가 왜 당신을 채용해야 하는가?

⑤우리 회사에 지원하게 된 동기가 무엇입니까?

⑥앞으로의 목표와 포부를 말해보시오.

면접에서 중요하지 않은 질문은 없겠지만 특히나 위에 언급된 질문들만큼은 반드시 숙지하여 익숙해지는 게 좋을 것입니다. 결정적으로 영어로 답해야 하는 경우에는 조금도 주저하지 말고 즉시 답하는 것이 매우 좋습니다. 비록 수준 낮은 영어 실력을 보인다 하더라도 말입니다.

📁 압박 면접

우선 기업의 흔한 압박 면접에서는 다음과 같은 상황에 유의해야 합니다.

①스무고개 형 답변에 주의하기

②질문의 의도와 목적을 파악하기

③유연하기

지원자의 입장을 일순간에 난처하게 만드는 면접을, 이른바 압박형 면접이라고 칭하고 있습니다. 대부분의 질문들엔 면접관들의 숨은 의도가 내포되어 있으며 일종의 테스트와 같은 질문의 유형도 있다는 점을 이해합니다. 이러한 압박 형 면접을 통해 순발력, 처세술, 나아가 업무적 유연성을 겸비한 인재의 채용 가능성이 높은 만큼 최대한 여유 있는 모습으로 답변하는 것이 중요합니다. 먼저 다음 질문에 자유로운 답변을 시작해보십시오.

　　①편입을 선택한 목적이 뭡니까?

　　②학점도 낮은데 영어 점수 또한 높지 않은 편이군요.

　　③취미가 상당히 많군요.

　　④희망하는 급여가 매우 높군요.

　　⑤우리 회사 이외에 다른 회사에도 지원하셨습니까?

　　⑥이 업무에 대한 경험이 없는데 믿고 맡겨도 괜찮겠습니까?

　　⑦다른 지원자에 비해 열정과 패기가 부족하군요.

　　⑧당신에게 맞는 회사가 반드시 있을 것입니다.

　　⑨공백 기간엔 뭘 했습니까?

　이렇듯 압박 형 면접의 경우에선 유연함, 의도에 반응하는 속도, 미래지향형 답변을 자유자재로 구사할 수 있어야 하며 이러한 답변 능력은 사실상 오랜 반복적 훈련으로 완성하는 것이 중요합니다.

면접의 종류가 이토록 다양하고 광범위해지는 지금, 자신이 생각한 면접의 그림보다 여러 변수가 있고 복병이 되는 면접들이 많으니 준비해두어야 한다고 생각합니다.

오래전 한 TV 프로그램에서 소개된 어느 개그맨의 사례가 있습니다. 시험 장소에 들어서서 심사위원 앞에서 뭔가를 시작하려고 하는 순간, 갑자기 됐으니까 그만 나가 보라고 하는 것입니다. 그래서 이 개그맨은 당연히 떨어질 것이라고 생각했다고 합니다. 하지만 그는 고득점으로 합격했으며 이후 담당 심사위원에게 조심스레 알아보니 이러한 답변을 했다고 합니다. 들어오는데 이미 웃겨서 나가라고 한 것이라고 말입니다. 면접도 이런 것이라고 생각됩니다. 지원자들이 얼마나 준비를 하였든 그들의 생각보다 면접관들의 감각이 훨씬 앞서 있음을 의미하고 있기도 합니다. 그것도 당연한 것이 여러 지원자들의 모습을 반복적으로 접하고 있으니 지원자들의 여러 유형을 금세 익혀버리고 구분할 수 있는 능력이 되는 것이라고 봅니다. 그럼 답변 훈련하는데 굳이 반복적인 훈련이 필요하겠습니까? 당연히 반복적으로 훈련해야 합니다. 만약 나는 말주변이 없다고 생각하는 분이 있다면 과연 얼마나 반복적인 훈련을 시도해 보았는지에 대해 스스로 질문해야 할 것입니다.

📁 황당 면접

황당 면접은 말 그대로 면접 질문 자체가 매우 황당함을 야기하는 유형으로 모든 면접의 유형 중 썩 유쾌하지 못한 유형이라 하겠습니다. 면접관의 질문 의도는커녕 답변할 가치가 있는가에 대한 의심이 거론될 정도의 어찌 보면 매우 불쾌한 면접 방식이며 면접관의 입장에서 보면 지원자들의 인격을 고려하지 않는 경우도 무시할 수 없습니다. 한 취업 관련업체의 설문조사에 따르면 열 명 중 과반수의 지원자가 이러한 불쾌감을 체험한 바 있다고 대답한 것처럼 지원자의 입장에선 황당 질문에 대한 준비가 별도로 필요하다고 할 수 있겠습니다. 아무리 황당하고 답변하기가 불쾌하다 하더라도 합격을 해야 한다면 이 정도도 감수해야 하는 것이 지원자들의 불편한 입장이 아닐까 싶습니다만, 주로 등장하는 황당 질문에 대처하는 요령을 갖춰 나가는 것도 중요합니다.

황당 면접 대처방안

① 궤변은 궤변으로 답변한다

Q : 우리 회사보다 전 직장이 좋은 점을 말해보시오.

A : 네. 그 점을 군이 말씀 드리자면 전 직장에선 면접의 방식이 매우 달랐습니다. 이를테면 답변을 잘 하는 인재보다는 주어

진 업무를 잘 해내는 인재를 선호했습니다. 그러므로 저는 답변만 잘 하는 인재가 아니었다는 점을 증명할 수 있도록 기회를 주시기 바랍니다.

② 즉시 시도한다(Try 법칙 참조)

Q : 성격이 쾌활하고 외향적이라고 기록되어 있는데 1분 동안 우릴 웃겨보겠습니까?

A : 네. 바로 시작하겠습니다.1, 2, 3번 중 하나를 선택하시기 바랍니다.

Q : 좋아요. 1번 해봐요.

A : 네. 성대모사를 준비했습니다.

Q : 음. 아주 똑같군요. 그럼 2번은 뭔가요?

A : 네. 유명인의 목소리를 따라해 보겠습니다.

Q : 그렇다면 3번도 같습니까?

A : 네. 들켜버렸습니다. 면접관님.

대처방안 ②번에서 제일 중요한 건 잘하고 못하고의 문제가 아니라 시도하느냐, 안 하느냐 의 문제가 됩니다. 면접관들을 웃기기 위한 목적으로 면접을 보는 것이 아니란 점을 명심해야 하겠습니다. 어쩌면 고객을 상대로 밝은 분위기를 전파할 수 있는 인재를 찾고 있을지 누가 알겠습니까?

③한 술 더 뜨는 답변을 구사한다

Q : 만약 자신의 부모님이 모두 물에 빠져 있다면 누구를 구할 것인가?

A : 네. 그런 일은 절대 있어선 안 될 것입니다. 하지만 실제 그런 상황이 발생한다면 저는 반드시 두 분 모두를 구하기 위해 노력하겠습니다.

Q : 반드시 한 사람만 구해야 한다면?

A : 네. 제 가족을 제가 구하는데 누군가의 허락이 필요하지 않을 것입니다. 누가 뭐래도 전 즉시 움직일 것이며, 위태로운 그들을 포기하지 않을 것입니다. 심지어 제가 목숨을 잃는 상황이 생긴다 하더라도 그 상황을 방치하거나 간과할 순 없습니다.

대처방안 ③에서 놓치지 말아야 할 것은 지원자의 실제 업무능력을 알 수 있는 일종의 심리테스트와도 같다는 것입니다. 만일 여러분이라면 어떻게 답변했겠습니까? 안정적인 마음을 바탕으로 순발력과 재치 있는 답변의 기회를 놓치지 않는 것이 중요합니다.

아래는 대기업의 황당 면접 질문 리스트입니다.

- 자신의 가격을 스스로 정해본다면?

- 전국에 편의점이 몇 개쯤 될 것 같은가?

- 영어, 일본어, 중국어, 독일어, 불어를 제외한 외국어로 본인을 소개해보시오.

- 우리(면접관) 중에 누가 제일 젊어 보이는가?

- 우린 이미 합격자를 결정지었다네. 어떻게 생각하나?

- 맨홀 뚜껑은 왜 원형인지 논리적으로 설명하시오.

- 애인이 자신의 죽마고우와 바람을 피운다면 결국 누구를 택할 것인가?

- 이 면접장 내에 탁구공을 가득 채운다면 몇 개의 탁구공이 필요한가?

- 이 자리에서 춤을 춰 보라면 출 수 있겠는가?

- 앞에 고객이 있다고 생각하고 고객과 이야기를 나눠 보시오.

- 지구에 있는 모든 바닷물의 양과 무게를 환산하여 답하시오.

- 자신을 동물로 표현하면 무슨 동물인가?

- 이력서를 보니까 이 정도의 연봉을 줄 수 없는데 어떤가?

- 자넨 우리 회사에 절대 합격할 수 없는데 이유가 어떤 이유 같은가?

- 면접 시간이 부족하니까 지금부터 1분 안에 끝내야 한다네. 동의하나?

- 딱 보니까 우리 회사 사람으로서 부적격이군요.

- 우리 회사 채용 공고가 잘못 전달된 건 알고 있나?
- (뜬금없이) 개인기 해봐요?
- 이력서 내용에 의심이 가는군요? 이게 다 진짜인가요?
- 우리 회사에 들어오려면 이 정도로 곤란합니다. 그렇지 않아요?
- 왜 자신이 합격해야 하는지 3분간 쉬지 않고 말해 봐요.
- 내가 보기엔 자신의 실체를 왜곡하고 있군요.
- 사실 연봉이 그 반값인데 괜찮아요?
- 내근직 하기 이전에 영업 활동 1년간 할 수 있겠소?
- 왜 이렇게 패기가 없어 보이죠?

이러한 황당 질문에 답변을 달아 봅시다. 옷이 자신의 몸에 맞아야 하듯이 지원자의 이미지, 발성 능력, 표정과 개성에 맞춰진 답변이 진정 자신만의 답변이 될 수 있습니다.

황당 면접 시리즈를 마치며 앞서 언급 되었다시피 면접에서는 예측불허, 상상초월 등의 상황이 생겨나게 됩니다. 하지만 누군가에게는 오히려 기회가 될 수도 있는 것이 황당 면접입니다. 누구나 능청스럽고 여유 있는 마음이 아니기 때문에 불편하고 어렵게 느껴지는 것이 사실이지만, 미리 일어날 수 있는 상황에 대비한다면 적잖은 도움이 될 것으로 생각됩니다.

03
대입과 고입 입학 면접 전략

'스마트 세상이 싫어진다' '4지선다가 애들을 망친다.'

제가 습관적으로 언급하는 말입니다. 요즘 학생들은 모르는 것을 탐구할 때 검색을 하고, 요즘 학생들은 고민이 생겨나면 검색을 합니다. 이렇듯 요즘 학생들의 일상을 좌우하는 문화가 검색이라고 볼 수 있습니다. 심지어 세상에서 가장 똑똑한 교수님을 'Google 교수님'으로 이야기할 정도입니다. 이는 비단 학생들만의 문제가 아니라 인류 전반에 확산되어갈 문제라고도 볼 수 있습니다. 이대로 간다면 집단학습, 학교, 성적, 교우관계, 선의의 경쟁 등의 단어는 박물관에서 만날지도 모를 일입니다. 그렇게 친인간적 교육환경을 등지고 살아 온 학생들에게 면접을 지도할라치면 일반적으로 드러나는 특징들은 다음과 같습니다.

①표정이 없다

②목적이 불투명하다

③공부는 잘 했지만, 공부만 잘 했다

④특화된, 차별화된 학업 경로가 없다

⑤타의에 의한 입장이 높다

물론 그에 못지않은 학생들의 모습도 눈에 띄는 것이 사실입니다. 한의학에 관심을 가져왔던 학생이나 어린 시절부터 패션에 모든 것을 걸어 온 학생, 운동 중 부상으로 진로를 바꿔가며 제2의 특기를 만들어버린 학생 등 자신의 진로를 자신이 개척해 왔으므로 면접 또한 당당히 해야 하는 말과 하고 싶은 말이 많은 경우가 여기에 해당된다고 볼 수 있습니다.

따라서 청소년 면접은 친인간적 이미지 개선을 위한 훈련으로 시작하여 뚜렷한 목적성 설정, 안정된 어감과 속도로 말할 수 있는 설득력 개선, 경쟁력 강화를 위한 시나리오 정리 등 대부분의 훈련은 학생의 이야기에서부터 비롯되어야 합니다.

최근 대입 면접 또한 구술면접의 비중이 커짐에 따라 학생으로서의 지식은 물론 의식까지 겸비한 창의적, 진취적인 신입생들을 선호하고 있는 것이 현실입니다. 많은 학생들이 발표 수업에 대한 경험이 부재된 채 청소년기를 보냈기 때문에 구술형 면접에서 어려움을 느끼고 있으며 성인들과 달리 부모님에 대한 의존도가 비교적 높으므로 자발적이며 적극적인 자아를 찾아내는 자세 또한 필요한 시기이기도 합니다. 일반적인 면접과는 달리 대입면접에서는 그 폭이 대부분 넓지 않으므로 예상 질문과 학교 및 학과에 대한 이해도, 과거 경험들에 대한 답변들을 사전에 정리해 두는 것이 바람직합니다.

📁 자기소개

대학 면접 시 자기소개는 자신의 현 상황, 장점, 노력했던 활동사항, 앞으로의 전공적성에 대한 포부를 말하는 것이 좋습니다. 자기소개 하는 방법에는 여러 가지가 있습니다.

① 간단하게 소개하기

1단계(간단한 자기소개) : 네, 교수님! 앞으로 꼭 ○○대학에 입학해 ○○가 되고 싶다는 마음으로 이번 ○○에 응시한 ○○입니다.

2단계(학업 과정) : 저는 중학교 2학년 때 호주 ○○에 입학해 고등학교까지 공부를 하고 작년 11월에 한국에 왔습니다.

3단계(앞으로의 흥미, 목표, 포부, 학업계획) : 학창시절에 가
장 관심 있었던 교과목은 회계나, 비즈니스 관련 선택과목이
었습니다. 앞으로 경영을 전공하고 졸업해서 해외 마케팅과
관련된 일을 해보고 싶습니다. 물론 많이 부족하지만, 앞으로
○○대 경영학과에서 보다 주관을 가지고 심도 있게 학업에
매진하는 학생이 되겠습니다.

② 수상경험 소개하기

네, 안녕하십니까, 교수님. 마음만큼은 우리나라의 모든 사람들
의 건강 지킴이가 되자는 신념으로 이번 ○○에 지원한 ○○입니
다. 현재 저는 ○○고등학교에 재학 중에 있습니다. 그리고 초등학
교 3학년부터 체육을 시작으로 하여 전문 종목으로 택견을 공부하
였습니다. 여러 번의 승전경험이 있고 이번 치우기 대회에서 3등을
했으며, 며칠 전에 있었던 대회에서 역시 3등을 하였습니다. 택견
만큼은 누구 보다 자신 있고 이번 체육특기생으로 뽑히게 된다면,
한국전통무예를 전 세계에 알린다는 자부심으로 ○○대학교를 알
리는 학생이 되겠습니다. 이상입니다.

③ 솔직한 모습을 소개하기

네, 안녕하십니까? 교수님. 이번 ○○대학교 푸드스타일리스트
학과에 입학하고 싶은 ○○이고요. 우선 저는 아마추어 요리사라

고 소개드리고 싶습니다. 눈에 띄지는 않지만 뒤에서 늘 뭔가를 움직이고 생각하는 학생입니다. 처음 1학년 때는 그저 얌전하기만 한 학생이겠지만 2~3학년이 넘어가면 푸드스타일리스트학과에서 후배들이 뭔가를 배워갈 수 있는 열정적인 선배로 최선을 다하는 학생이 될 자신 있습니다. 열심히 하겠습니다.

④ 자신의 장점 소개

우선 저는 매우 긍정적이고 웃음이 많은 학생입니다. 이러한 모습은 앞으로 제가 치위생과 학생으로서 보다 활기찬 대학 문화를 만들어 나가는데 좋은 장점으로 비춰질 수 있다고 생각합니다. 두 번째로 학습능력 부분에서 말씀을 드린다면 저는 치위생과에서 공부를 하고 싶은 욕심이 큰 만큼 누구보다 학업활동에 있어서 열심히 공부를 하고 싶습니다. 치위생과는 어려운 기술용어와 의학용어가 많은 학문으로 알고 있는데 저의 장점인 집중력과 암기력, 외국어능력을 발휘하여 열심히 공부하는 대학생이 되겠습니다.

⑤ 봉사활동을 위주로 한 진정성을 전하는 자기소개

네, 안녕하십니까, 교수님.앞으로 진정으로 따뜻한 간호사가 되고 싶다는 마음으로 간호학과에 지원한 ○○입니다. 학창시절부터 건강한 마음을 가지고 현재 부반장을 맡으면서 부족하지만 저에게 주어진 역할을 최선을 다해 노력하는 학생이라고 소개드리고 싶습니다. 또한 중학교 때부터 봉사활동을 하면서 그 어떤 가치보다 소중한 보람을 느꼈으며 앞으로 간호사로 일하면서 다른 사람들에게 도움이 되고 싶었습니다. 교수님! 꼭, 정말 간절히 이번 수시면접에 꼭 합격하고 싶습니다.

⑥ 자기분석적인 시각에서 소개

네. 저는 ○년 동안 클라리넷을 연주하고 공부하면서 어떻게 보면 그저 단순하게 제 자신만의 즐거움을 위한 연주를 배우고 공부했습니다. 그리고 음악이란 단순히 듣는 사람에게 정서적 만족감을 줄 뿐이라고 생각했었습니다. 그런데 제가 음악을 듣고 연주하면서 음악으로 마음을 다잡고, 때론 위로받고 때론 기분을 환기시키면서 제 자신의 내면의 상처 또는 아픔이 치유되는 것을 깨달았고, 단순한 취미에서 시작하여 학문적으로 깊이 있게 공부하고 싶은 목표로 바뀌면서 이번에 진학을 결심하게 되었습니다.

📁 지원 동기의 벽을 넘어서

지원동기를 묻는 것은 응시자가 대학에 얼마만큼의 열의를 가지고 있으며, 대학 준비는 얼마나 되어 있는지를 파악하기 위한 것입니다. 그렇기 때문에 응시자는 사전에 지원 동기로 이야기할 수 있는 전반적인 정보를 충분히 입수하고, 그 특색과 평가할 수 있는 점을 찾아내어 그것을 자신의 적성이나 능력, 전공 등과 연관 지어 지원동기를 명확하게 밝힐 수 있도록 해야 합니다.

입학면접의 필수 요소 시리즈

- 목적의식을 보이고 있는가?
- 생동감을 전하고 있는가?
- 질문의 의도를 간파 했는가?
- 불리한 질문에 인정 하고 있는가?
- 설득력을 보이고 있는가?
- 발언 시간을 지키고 있는가?
- 신념이 뚜렷한가?
- 자발적인 증언을 하고 있는가?
- 심리적 안정감을 보이고 있는가?
- 근거와 사례는 충분한가?

실전 질문 연습

- 가장 중요한 자질이 무엇이라고 생각하는가?
- 자신의 성장과정을 말씀해보세요.
- 학교생활은 어떻게 보냈나요?
- 살면서 가장 힘들었을 때는 언제였나요?

- 고등학교에서 어떤 과목을 가장 좋아했습니까?

- 존경하는 은사님은 있습니까?

- 제일 친한 친구 있습니까? 그리고 교우관계가 왜 중요하다고 생각합니까?

- 콤플렉스가 있다면 무엇이고 어떻게 해결하려고 노력합니까?

- 가족에 대한 소개를 해보세요.

- 대학 입학 후 꼭 해보고 싶은 일은 무엇입니까?

- 고교 생활에서 가장 아쉬운 점은?

- 다른 대학과 동시 지원을 했는데 모두 합격한다면 어느 대학으로 진학하실 예정입니까?

- 우리 대학에 대해서 어떻게 생각하는지 말씀해보세요.

- 이 학과에서 무엇을 공부하고 싶습니까?

- 이 대학에서 배운 것을 바탕으로 장래에 무엇을 하고 싶습니까?

- 지망대학, 학과에 대한 기초 지식을 알고 있습니까?

- 본인이 가장 잘 하거나 자신 있는 것은 무엇입니까?

📁 대입면접의 블랙박스, 생활기록부

교수님 앞에 선 학생이 아무리 답변을 잘 해도 생활기록부 내용이 일치하지 않는다면, 수상경력, 성적, 동아리 활동들의 근거가 경쟁자 대비 현저히 부재되어 있다면 어떻겠습니까. 어쩌면 대입면접은 성인들의 면접보다 더 어려운 면접이 아닐까 싶습니다. 매번 강조하지만 면접은 허무하거나 황당하거나 둘 중 하나가 될 가능성이 높지만, 대입면접은 둘 다에 해당하기 때문입니다. 해당 학과에 관한 질문, 진로, 직업과 관련된 질문, 그에 못지않은 비중을 차지하는 것이 생활기록부와 자기소개서를 기반으로 묻는 질문들을 정리해 보았습니다.

생활기록부에서 주로 나올 수 있는 질문

이러한 질문을 받을시 위축된 모습이 아닌 밝은 목소리와 표정을 유지하며, 겸손하게 답변하도록 해야 합니다. 그리고 각오, 다짐을 이야기할 때는 명확하고 자신감 넘치게 마무리를 하는 것이 중요합니다. 매우 당연한 말들일 수 있겠지만, 이론을 적용하는 것이 실력입니다.

학업성적이 좋지 않은 상황에서 답변하는 상황

Q : 학교성적 등급이 낮은데 왜 우리학과를 지원하였는지?

Q : 왜 N학년 때 성적이 떨어졌나요? 왜 ○○성적은 좋지 않은지?

A : 네, 결과적으로는 저의 노력이 다소 부족했기 때문이 아닐까라고 생각합니다. 학업성적에 집중하지 못했던 이유는 2학년 때 시합에 참여하여 3등으로 입상하였고 이러한 결과로 추천받아 국가대표로 참여하여 1년 동안 학업보다는 시합을 더 우선으로 연습하였기 때문입니다. 그 때문에 학업성적이 다소 떨어졌고, 또 학생회장으로 3학년 때 1년 동안 활동하면서 학교행사에 많은 할애를 하면서 다소 학업에 신경을 쓰지 못한 이유도 있습니다. 그러므로 누구보다 더 성적관리에 힘쓰는 대학생이 되겠습니다.

– 출결 및 특기 사항 질문
– 진로희망 유추 질문
– 창의적 재량활동 및 특별활동 유추 질문
– 독서 활동 : 어떤 책을 가장 인상 깊게 보았고 그 이유는?

앞으로 진로희망, 학업계획에 관한 질문 학업계획은 1~4학년 때까지 전공 외에 적성을 보다 계발하기 위해 어떤 활동을 할 것인지 묻는 질문이기에 이에 맞는 답변을 해야 합니다.

학업계획 말하기

A : 네, 학업계획은 제가 정말 한번 해보고 싶다는 측면과, 일반적인 학업 공부 두 가지라고 생각하는데요. 우선 1학년 때는 제가 ○년 동안 ○○언어와 문화를 공부했지만 분명히 부족한 부분이 있을 것이라 생각합니다. 그래서 어학공부에 최선을 다하는 것이고 2학년 때의 계획은 앞으로의 목표와 포부와도 연결되는 것인데요. 해외봉사단에도 도전해서 언어와 문화를 알리고 또 봉사활동의 경험을 쌓아 앞으로 일해보고 싶은 유니세프와 같은 국제구호활동의 밑바탕을 쌓아보고 싶습니다. 그리고 3, 4학년 때는 과의 활동과 대외적인 활동에 적극적으로 참여하면서 4학년 때는 ○○에 대한 논문을 준비해 보고 싶습니다.

생활기록부 예상 질문 리스트

① 출신 고등학교는 어떤 학교인가? : 모교에 대해 장점, 아쉬운 측면 등 충분한 근거를 마련해야 합니다.
② 장래 희망이 학년마다 바뀐 이유 : 학년이 거듭날수록 이상적

가치관이 현실적 가치관으로 변모하는 과정을 설명합니다.

③ 수상경력에 대한 질문

④ 동아리 활동 관련

모둠활동이나 집단 활동에 나타나는 적극성과 창의, 리더십, 책임감을 묻고 있는 것입니다.

⑤ 독서활동이나 기재된 책 관련

실제 독서량과 더불어 독서습관 독서의 가치 등을 언급하며 답변합니다.

⑥ 출결, 지각, 질병, 조퇴 등의 질문

현재 지원자의 건강 상태와 앞으로의 학업에 지장 유무에 대하여 답변합니다.

⑦ 자신의 직업관(특정 직업이 언급된 기록부일 경우)에 대한 질문

직업의 정의, 해당 직업에 대한 가치관 해당 대학을 통한 구체적 노력과 포부를 전합니다.

⑧ 성적(등급)의 대한 질문

성적관리에 대한 실체 언급, 자신의 성적을 고스란히 인정하는 자세가 우선시 되어야 합니다.

⑨ 인적사항, 성장과정이나 부모님에 대한 질문

성장 환경을 묻는 것이므로 자신의 가정에 대해 객관적인 해석 준비합니다.

⑩ 봉사활동 여부의 질문

기재된 내용 이외의 스스로 자발적 마음으로 봉사했던 사례들도 숙지합니다.

⑪ 임원 활동이나 리더 활동에 대해 묻는 경우

⑫ 여행 경험, 유학경험, 기타 캠프경험의 질문

⑬ 체육활동 및 교사 개개인의 평가

⑭ 과목별 두각의 여부 질문

해당 과목에 대한 내용을 우선적으로 답변, 이후 지원 학과와의 상관관계로 설명합니다.

⑮ 교내 프로그램 관련 질문

프로그램의 실효성, 미흡한 점 자신의 역할 등을 자유로이 설명합니다.

- 석차에 대한 질문

- 거주지에 대한 질문

- 특기 또는 흥미

- 자격증 관련 질문 : 자격증 취득 경로와 이유, 활용 방안 등을 답변

- 진로활동에 대한 질문 : 자신의 꿈을 이루기 위해 노력했던 과거, 현재, 미래 등을 상세히 설명

- 세부능력 및 특기사항에서의 질문 : 담임 선생님이 기재한 사실을 인지하는 것이 우선

– 행동특성과 종합의견 내부와 관련 질문 : 기재된 사실을 바탕
으로 추가 설명들을 충분히 준비

이밖에도 대입 면접장을 다녀 온 학생들의 증언에 따르면 이런 공통점이 있습니다. 매우 따뜻하고 친절한 교수님들부터 고개 한 번 올려 보지 않는 교수님에 이르기까지 너무도 다양한 면접환경에 의해 질문의 갈피를 잡기 어렵다는 호소가 바로 그것입니다. 제가 드리고 싶은 것은 단 한 마디입니다.

예상 질문에 맞설 것인가? 모든 질문에 맞설 것인가?

모든 질문에 맞서는 방법이 있다면, 예상 질문을 추려가며 답변의 대안을 대비하는 모습이 일반적인 지원자들의 모습이라고 볼 수 있습니다. 그렇게 면접을 준비하는 시간이나, 아주 기본적인 면접 스킬을 습득하는 시간이나 큰 차이가 없으므로 주어진 면접 준비 기간에 폭 넓은 시야로 면접 스킬을 배워 버리는 편이 더 유리한 것입니다. 생활기록부 내의 예상 질문만 열심히 준비했지만 전공 관련 질문만을 물을 수 있는 것이 면접이고, 전공도 준비 했지만 세상 돌아가는 이야기에 대해서만 물을 수 있는 것 또한 면접이 될 수 있습니다. 즉 모든 질문에 맞설 수 있어야 합니다.

기업에서 좋아하는 신입사원 BEST 10

1. 실패나 실수를 극복한 인재

흔들리지 않고 피어나는 꽃이 없듯이 부족함을 모르고 성장한 인재에게 위기 극복능력을 기대할 수 있겠습니까? 실수는 누구나 할 순 있겠지만 같은 실수를 하지 않는 인재가 필요한 곳은 사실상 모든 기업이 해당된다고 할 수 있습니다.

2. 전천후 멀티플레이어형 인재

면접 질문 중 "원치 않는 부서로 발령된다면 받아들이겠는가?"라는 질문이 있습니다. 이 질문의 의도 또한 기업이 일명 멀티 형 인재를 추구한다는 것을 알 수 있겠습니다.

3. 불가능은 없다고 믿는 인재

4. 모르는 것을 모른다고 말하는 인재

거듭 강조하지만 누구나 모를 수 있고 심지어 면접관들도 모를 수 있는 것 아니겠습니까? 알아 가겠다는 자세가 함께하고픈 신뢰를 만들어 가게 될 것입니다.

5. 자기계발과 자기관리에 철저한 인재

6. 목표가 분명한 인재

7. 진화하며 점층적으로 발전하는 인재

여러분이라면 처음엔 잘 하더니 갈수록 잘하지 못하는 인재와 갈수록 잘하는 인재 중 누구를 택하시겠습니까? 단연 최고의 인재라면 처음에도 잘했지만, 갈수록 잘하며 심지어 든든함이 느껴지는 인재가 최고의 인재가 아닐까 생각됩니다. 안 그렇습니까?

8. 규칙적으로 생활 하는 인재

9. 공과 사를 구분하는 인재

10. 밝은 분위기를 이끄는 인재

밝은 사람이 업무적 성과가 높다고 합니다. 밝은 사람의 주변엔 더 많은 동료, 상사, 고객이 따르기 마련입니다. 밝은 사람들이 기회를 싹 가져가기 마련입니다.

합격하는 지원자들의 공통점 BEST 10

1. 자신의 목표 설정이 분명하다

지원자들 중에서는 특별히 정해놓은 기업이 없다고 말하시는 분들이 간혹 있습니다. 이들의 합격률은 사실 다른 지원자들에 비해 높지 않은 것이 사실입니다. 기업은 사람의 지문과 같다고 보시면 됩니다. 각 기업마다 추구하는 인재상이 조금씩 다르므로 답변만 잘 하는 것이 최선은 아니란 것을 강조하고 싶습니다.

2. 절망은커녕 오히려 희망적이다

지난 2009년 S전자를 지원한 한 지원자의 성격은 기준치 이상으로 밝은 성격이었습니다. 단 1명의 적도 없다고 말하는 이 지원자는 면접에 임하는 자세 또한 독특했습니다. 훈련 기간 동안 누구도 귀찮게 한 적이 없으며 자신의 핸디캡들에 대하여 부끄러움을 표시하지 않았던 것입니다. 그는 면접 당일 가장 화기애애한 면접을 했다는 통보를 보내어 왔습니다. 이처럼 집에서 새지 않던 바가지는 모두에게 희망을 줍니다.

3. 기록하는 습관이 몸에 배어 있다

요즘엔 최첨단 스마트폰, 녹음기 등을 준비한 수험생이 늘고 있습니다. 자신의 머리만 믿는 지원자들에 비해 실전에서도 철두철미할 가능성이 높은 그들입니다. 머리는 잊게 되지만 기록은 남게 되기 때문입니다.

4. 유연한 사고와 여유를 갖고 있다

5. 반드시 방법을 만들어 낸다

진퇴양난 형 질문이나 딜레마에 빠뜨리는 질문, 혹은 압박 형 질문 중 반드시 정답을 맞혀야 하는 답변이 아닌, 지원자들의 입장과 태도를 간접적으로 파악하려는 의도의 질문도 있습니다. 이러한 상황에 합격하는 지원자들은 공통적으로 고민하는 모습과 신중함, 기필코 풀어내겠다는 모습을 보이게 될 것입니다. 즉, 고민하라고 내어준 질문에 고민을 하지 않는 것도 이상한 것 아니겠습니까?

6. 자신의 과거에 떳떳함을 보인다

아르바이트는 무엇을 해봤냐는 질문에 이렇게 답변을 한 사람이 있습니다. "복학을 앞둔 6개월 동안 막노동을 했습니다. 마땅히 할 수 있는 아르바이트가 없었습니다." 또 다른 누군가는 이렇게 말합니다. "복학을 앞두고 막노동에 도전했습니다. 이때가 아니면 이러한 기회는 없을 것이라 생각했습니다. 오늘날 제가 끈기와 인내심이 강하다는 것을 일깨워준 시간이기도 합니다." 여러분은 어떻게 생각하시나요?

7. 소문과 코칭에만 의존하지 않는다

"누군가는 이랬다더라." "누군가는 저랬다더라." 참으로 많은 말들이 있습니다. 하지만 여러분이 면접장에 들어서는 순간만큼은 아주 구분된 특별한 시간이 될 것입니다.

8. 친절한 말투와 행동이 늘 양반이다

최근 느낀 것이 있다면 요즘 젊은 세대에는 참으로 잘 배우고 착한 사람들도 꽤 많다는 것입니다. 더 겸손하고 현명하며 바른 말만 골라 하는 사람들이 이리도 많았을까 싶기도 합니다. 그럼에도 불구하고 경쟁사회에서 밀려났던 모습을 보면 마음이 아파오기도 합니다.

9. 솔직함의 왼팔과 설득력의 오른팔을 가졌다

거짓은 또 다른 거짓을 부른다 했듯이 면접에선 진솔한 모습이 사실상 진리라고 볼 수 있습니다. 완벽한 사람을 찾는 것이 면접이라면 기업 측에선 처음부터 스카우트를 했을 것입니다. 그렇지 않습니까?

10. 감정기복이 없는 일관성을 지녔다

면접 상황이 아니라 하더라도 어디서든 환영 받는 사람들이 있습니다. 인위적인 모습을 찾아보기 어려우며 한 마디 한 마디를 진심에 입각하여 말하는 이들을 의미합니다. 면접관 입장에서는 여러 사람, 여러 유형을 만나게 될 것입니다. 자신이 아무리 준비를 철저히 했다 하여도 급조된 모습과 행동들은 이미 들켰을지 모릅니다. 가장 한국적인 것이 세계적이란 말이 있듯이 결국은 자신의 실체를 보이는 것이 진짜 면접이 아닌가 생각합니다.

공무원이 갖춰야 할 BEST 10

1. 국가 정세와 국가관에 뚜렷한 주관을 가진다

   나랏일 하러 왔는데 국가 정세를 모른다는 것은 장례식장에서 실컷 울고 누가 돌아가셨냐고 묻는 것과 같은 이치가 아니겠습니까?

2. 봉사하는 마음과 진심으로 배려하는 마음을 가진다

   공무원 생활 하루 이틀 할 것이 아니라면, 자신의 봉사심과 봉사활동에 대하여 스스로 냉철히 판단해야 합니다. 가령 어린이집 교사가 어린이를 진심으로 사랑하지 않고서는 배겨날 수 없는 것과 같은 이치라고 볼 수 있습니다.

3. 걸어 다니는 교과서와 같은 도덕성과 청렴함을 가진다

4. 불의를 정의할 수 있으며 불의와 타협하지 않음을 인지한다

5. 지역 이웃은 물론 어른을 공경하는 예의를 지킨다

6. 자신의 직렬에서는 달인과 같은 프로의 의식을 가진다

   기업에선 믿음직한! 민원인에겐 따뜻한! 자신에겐 냉철하게!

7. 국제문제, 세상물정, 지역 현황에 관심을 가진다

8. 확고한 원칙을 바탕으로 맡겨진 역할에 책임을 가진다

9. 지위고하, 상명하복에 위배하지 않도록 충성한다

10. 시민, 국민의 소리에 귀를 기울이는 한결같은 마음을 가진다

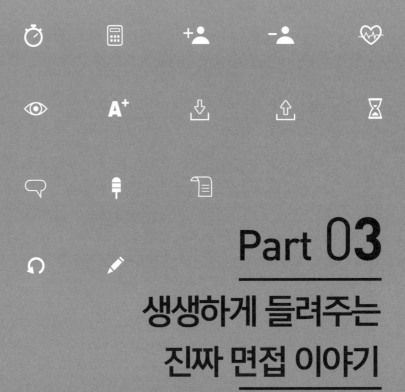

Part 03

생생하게 들려주는 진짜 면접 이야기

끊임 없이 떨어지는 물방울이 바위를 뚫는다!

– 루크 레티우스

A MASTER OF
AN INTERVIEW

01
질문의 유형을 파악하라

📁 면접의 지도 그리기

필자가 자주 접할 수 있는 진풍경 중 하나가 있습니다. 이른바 면접 스터디를 위해 모여진 젊은이들이 저마다의 예상 질문들을 들고 묻고 답하며 훈련하는 모습입니다. 하지만 그 모습을 보고 있노라니 무의미하게 보이기도 합니다. 그 이유는 그들이 같은 유형의 질문들을 빽빽하게 적어놓고 일일이 답변하며 체력을 소모하고 있었기 때문입니다. 그 질문의 양을 펼쳐보면 방대한 양을 숙지하겠다는 마음으로 중얼중얼 외고 있는 것 아니겠습니까? 그래서 이번 시간은 시간 절약, 체력 절약을 위한 시간으로 활용해 보려고 합니다.

지금 자신이 접한 질문이 그저 인사말에 불과한 것인지, 과거를 확인하기 위한 것인지, 아니면 가능성을 추측하기 위함인 것인가요? 이도 저도 아니라면 그저 순발력을 알아보기 위한 함정이었던 것이겠습니까? 이처럼 모든 질문은 의도가 있기 마련이며 그러한 의도들의 유형을 구분 할 수 있어야 합니다.

① 관계지향성 질문

이른바 비공식 면접상황으로서 면접 시작(자리 앉은 이후)으로부터 30초 이내의 상황이기도 합니다. 일반적으로 지원자들로 하여금 긴장감을 풀어주고자 하는 의도이기도 하며, 쉽게 이야기하는 인사말 정도일 수도 있으나 합격하는 이들의 공통점은 이러한 관계지향 대화에 능하다는 것입니다. 이 대화의 대표적인 질문은 아래와 같습니다.

- 준비는 많이 했나?
- 식사는 하고 왔나?
- 긴장되지 않나?
- 오는 길 힘들진 않았나?
- 꿈은 잘 꿨나?
- 기다리는 동안 무슨 생각을 했는가?
- 어떤 각오로 임하겠나?
- 춥지 않나?(덥지 않나?)
- 무엇을 타고 왔는가?

관계지향이란 뜻을 굳이 해석하자면, 이야기에 인간미가 묻어 나며 듣는 이로 하여금 기분이 좋아야 하며, 질문자와 답변자의 마음의 끈이 이어져야 한다는 것을 의미합니다. 한편 관계지향의 반대 개념은 이른바 사실지향으로서 질문자의 의도는 고스란히 망각한 채 생각나는 대로 답해버리는 경우를 의미한다고 볼 수 있습니다. 그 예로 '많이 떨리죠?'란 질문에 '아닙니다'라고만 대답해버리는 경우 사실지향형 답변이라고 말할 수 있겠습니다. 그럴 땐 '네. 떨리고 긴장되는 건 사실입니다. 하지만 편안히 반겨주신 면접관님 덕분에 지금은 오히려 자신감이 생겨나고 있습니다. 이 점에 너무 감사드립니다.'라고 대답할 수도 있을 것입니다.

만약 여러분이 면접관이시라면 1번과 2번 중 어느 답변에 더 호감을 보이겠습니까? 물론 더 듣기 좋고 안정적인 음성으로 말했다면 분명 면접관으로부터 좋은 평가를 받게 될 가능성이 높아지게 될 것입니다. 이렇게 첫 단추를 잘 꿰어야 하듯, 면접 상황에서의 관계 지향적 답변은 지원자에 대한 호감과 기대감이 급상승하게 되는 결과로 이어질 수 있습니다. 일상생활에서도 주변 이웃이나 친구, 가족들에게 평소 관계지향적인 대화를 습관화하여 면접 상황마저 여유 있는 모습을 보일 수 있도록 가능성을 높여야 합니다. 면접은 시작 후 불과 5초 안에 지원자의 호감이 결정된다는 사실을 꼭 유념하십시오.

② 기본 인성 질문

면접을 논할 때 가장 먼저 연상되는 질문이 무엇입니까? 필자는 지원동기, 장단점 등이 그 어떤 질문보다 더 우선적으로 떠오릅니다. 그도 당연한 것이 지원 동기라 함은 직역하면 지원한 목적, 이유, 저의 등으로 해석이 되며 이는 지원을 하게 된 명분을 제시하란 뜻이 되므로 면접 이전에 명분을 갖는 것도 필수적이라고 하겠습니다.

사실, 면접관 입장에선 너무나도 당연히 물어봐야 하는 질문으로서 지원자가 이곳에 지원한 이유를 알아야만 하지 않겠습니까? 이때 지원자는 그 어떤 답변보다 더 적극적인 모습을 보여야 합니다.

그럼 제가 선정한 면접의 5대 인성 질문 유형을 살펴보겠습니다.

ⓐ본인 소개해보세요.

ⓑ지원동기를 말해 봐요.

ⓒ성장 과정을 말하시오.

ⓓ장단점(성격)을 말해보시오.

ⓔ앞으로의 포부를 말해보세요.

앞에 제시된 5대 인성 질문은 결코 절대적이지 않으며 모든 면접의 공통적인 특성상 질문 받을 가능성이 가장 높은 질문들이며, 이는 다시 말해 지원자가 반드시 준비하고 숙지하고 훈련해야 하는 질문이기도 합니다. 본인 소개나 지원동기를 말해보라는 두 질문은 면접의 양대 산맥이며 지원자의 합격 확률을 많게는 1/3 까지 좌우할 수 있는 가장 중요한 답변들이라고 할 수 있겠습니다. 특히 5대 인성 질문 중 자기소개, 지원 동기는 면접 시작 1분 안에 질문 받게 될 가능성이 매우 높으므로 각별히 신경 쓰고 또 신경 써야 합니다. 성장 과정을 말해보라는 질문은 자신의 성장 과정 및 가정 분위기, 부모님, 형제 및 대인관계가 잘 나타나야 하며 안정적이고 정상적인 가정에서 성장했는가에 대한 면접관들의 간접적인 의도가 묻어진 질문이므로 신중히 답변해야 하는 것은 물론, 각색을 하거나 거짓증언을 하게 되는 경우 불이익을 감수할 수 있어야 합니다.

첫 번째는 비교우위 전략, 경쟁우위 전략을 사용하는 것입니다. 장점은 대부분 지원자가 거의 비슷한 답변을 할 수밖에 없습니다. 이를테면 책임감, 성실성, 사교성, 배려, 긍정성, 도전적, 열정, 꼼꼼함 등을 주로 언급하게 될 것입니다. 이러한 답변이 틀렸다는 것이 아닙니다. 문제는 다른 모든 지원자들도 이와 같은 답변을 하고 있다는 것입니다. 이때 반드시 의식해야 하는 것이 있다면, 비교 우위적, 혹은 경쟁 우위적 답변을 제시해야 한다는 것입니다.

두 번째는 단점을 장점으로 재해석하는 것입니다. 단점을 어떻게 답변해야 하는지에 대한 고민은 사실상 모두의 골칫거리 아니겠습니까? 그래서 대부분의 지원자들은 실제 자기소개서를 작성할 때 단점을 이른바 간단하게 작성할 것입니다. 그렇다면 주로 언급되는 단점들의 유형을 파악해봅시다.

성격이 급하다, 지나치게 집중한다, 우유부단하다, 지인들에 게 싫은 소리를 못 한다 등 이러한 단점들을 언급하고 마무리 짓는다면 면접관들을 상대로 자신의 단점을 오히려 부각시키는 모순이 나타나게 될 수 있습니다.

"네. 제 성격의 단점은 성격이 급한 것입니다. 이러한 단점을 다음과 같이 정당화할 수도 있어야 합니다. 단점이 있음을 답변하는 것은 결코 잘못된 것이 아니며 단점이 없는 사람은 사실상 존재할 수도 없기 때문입니다."

"네. 제 성격의 단점을 군이 말씀 드리자면 성격이 급하다는 것입니다. 물론 이 점을 부정적으로 보실 수도 있겠지만, 급한 성격만큼 더 미리미리 준비하며 이는 업무적으로 실수를 일으킬 확률이 적으며 책임완수 가능성은 오히려 높아진다는 점을 강조하고 싶습니다."

이처럼 "물론" "군이 말씀 드리자면" 등의 말로 자신의 단점에 날개를 달 수 있어야 합니다.

5대 인성 질문의 마지막인 포부를 알아보겠습니다. 앞으로의 포부를 말해야 하는 상황의 요령으로는 우선 포부라는 질문이 두 가지 타입으로 나뉜다는 점을 인식하고 있어야 합니다.

ⓐ앞으로의 포부를 말해보시오.

ⓑ합격한다면 앞으로의 포부를 말해보시오.

이 경우 마치 정치인이 공약을 내걸듯 자신의 앞으로의 행보에 대해 거침없이 말해야 합니다. 전자의 경우는 사원으로서 목표나, 진출분야 성과에 대한 열정이 주로 언급되지만 후자의 경우는 면접관으로부터 "합격"이 언급된 이상 이 기회를 놓쳐서는 안 될 것입니다.

5대 인성질문 외에 면접에서 만나게 될 인성관련 질문은 그 수를 헤아릴 수 없이 많습니다. 그래서 따로 정리해보았습니다.

5대 인성 질문 외 인성질문들

- 취미가 무엇인가?
- 별명이 무엇인가?
- 친구가 많은가?
- 좌우명이 무엇인가?

- 어릴 적 꿈은 무엇인가?

- 전 직장에서의 평가는?

- 존경하는 사람이 누구인가?

- 롤모델은 누구인가?

- 탈락한다면?

- 감명 깊게 읽은 책이 무엇인가?

- 대인관계는 어떠한가?

- 복권 당첨된다면?

- 부모님은 무슨 일을 하시는가?

- 술 좋아하는가?

- 의견 충돌이 생긴다면?

- 봉사활동 경험은 있는가?

- 상명하복이 왜 중요한가?

- 실패담을 말해보시오.

- 우리 회사의 이미지를 말해보시오.

- 무슨 색깔을 좋아하는가?

📁 과거를 확인하는 질문

면접 상황에서 가장 불가피한 질문의 유형이 바로 과거 질문이 아닐까 생각됩니다. 지원자의 진실성, 신뢰도가 결정되는 어찌 보면 가장 중요한 질문들이라 할 수 있겠습니다. 특히 현재 해당 기업이나 단체에 지원하기 전 근무했던 이전 직장에서의 생활이나 퇴직 사유는 매우 명백하게 답변하지 못할 때 면접 상황에선 큰 불이익으로 이어지므로 매우 신중히 답변해야 하며 면접관의 의도를 파악하는 것이 무엇보다 중요합니다.

과거를 확인할 때 자주 언급되는 질문들의 유형은 다음과 같습니다.

- 전 직장에선 무슨 역할을 맡았나요?
- 이런 일은 해본 적이 있나요?
- 퇴직 사유는 무엇입니까?
- 전공은 무엇이며 왜 전공을 활용하지 않았나요?
- 전 직장에선 어떤 평가를 받았나요?
- 인턴 생활 중 어려웠던 일은 무엇인가요?
- 성장 과정을 말해보세요.
- 살면서 가장 힘들었던 경험은?
- 실수나 실패를 극복했던 경험을 말해보세요.

- 이곳 말고 다른 곳엔 지원하지 않았나요?

- 자신의 좌우명이나 슬로건을 말해보세요.

- 직장 생활을 오래 해보진 않았군요?

- 공백 기간엔 무엇을 하면서 지냈나요?

- 영어 전공이면 영어로 자기소개 해봐요.

- 자신만의 창의력을 발휘한 사례를 말해보세요.

- 인생 최고의 성취감을 맛본 사례는?

- 가장 도전적이며 열정을 보였던 경험을 말해 봐요.

- 자신의 리더십은 어떤 스타일인가요?

- 전 직장에서 배운 교훈이 있다면 무엇인가요?

- 유학을 다녀왔군요?

- 전 직장과 우리 회사의 차이점을 말해볼까요?

- 자의로 퇴직한 겁니까? 타의로 퇴직한 겁니까?

- 그동안 자신만의 대인관계는 어떠했나요?

- 법규를 위반해본 사례를 말해볼까요?

- 어린 시절 꿈은 무엇인가요?

- 자신의 롤 모델이나 닮고 싶은 사람을 말해보세요.

- 봉사활동 경험을 말해보고 봉사활동의 활성화 방안을 말해
  보세요.

- 책임감을 발휘한 사례를 답해보세요.

이 밖에도 과거 질문의 유형은 개개인의 특성화된 경험이나 다른 지원자들과 다른 이력의 경우 질문 받을 확률이 높습니다. 또한 이른바 앞뒤가 맞지 않는 자기소개서나 그 시기와 연도가 불분명하고 알리바이가 일치되지 않는 경우엔 치명적인 불이익으로 전개될 수 있으니 각별히 주의하길 바랍니다.

📁 직무, 근무처와 관련된 질문

기업과 직무, 직급, 직렬, 부서 관련 질문에선 지원자의 역량과 임무 숙지, 업무의 이해도와 이해 여부를 파악하는 질문들로서 일종의 확인 형 질문이라고 볼 수 있습니다. 그 어떤 질문보다도 전문성과 업무 숙련 여부를 파악하는 질문이므로 자신 있고 당당한 모습으로 답변해야 합니다. 특히 여러 질문 중 가장 광범위하고 답변의 양이 많은 질문은 다음과 같습니다.

"우리 회사에 대해 말해보시오."

이 질문은 다음과 같은 키워드를 기준으로 답변합니다. 연혁, 기업현황, 대표자, 슬로건, 목표, 경쟁사, 인재상, 주요 실적, 주요 생산품 및 주요 브랜드, 전망 등이 대답을 위한 키워드입니다.

이하 직무, 부서와 직렬, 직무 관련 질문으로는 다음과 같은 것들이 있습니다.

- 지원한 부서에서 하는 일은 무엇인가?
- 자신의 역할이 무엇이라고 생각하는가?
- 근무자가 갖춰야 할 사항은 무엇인가?
- 관련 일을 해본 적 있는가?
- 팀에서 가장 중요한 것은 무엇인가?
- 전공과 다른데 적응할 수 있겠는가?
- 타 기업을 넘어설 수 있는 아이디어를 말해보시오.
- 지원부서에서 일하려면 반드시 갖춰야 할 역량이 무엇인가요?
- 과거 자신만의 실적이나 성과를 말해보세요?
- ○○팀에선 어떤 정신 자세로 일해야 하는가?
- 전공과 무관한 부서에서 일하게 된다면?
- 경쟁사에서 추진하는 마케팅을 알고 있나요?
- 우리 회사의 인재상에 적합하다고 생각되는지?
- 업무 계획을 말해보시오
- 실적 향상 방안을 말해보시오
- 자신의 창의력을 어떻게 활용할 것인가요?
- 최근 고객들의 성향 및 특성을 알고 있나요?

- 자신이 대표라면 무엇을 추진할 수 있는지?
- 우리 회사의 문제점을 지적해 보시오

그 밖에 직군이나 직무에 따른 세부적인 질문들을 예상해 볼 수 있으며 이러한 유형의 질문에 가장 효과적으로 답변하는 방법으로는 다음과 같은 공식이 가장 이상적입니다.

$$Q=A+@$$

즉 갑작스레 질문 받은 경우 대부분의 지원자는 마치 정의를 말하듯 쉽고 단적이며, 1차적인 정의를 말하는 경우가 대부분이라 할 수 있겠지만, 합격자들의 경우는 같은 답변이라도 답변하고 있는 자신이 주목을 받게끔 하는 답변을 한다는 사실을 유의해야 합니다.

지원자들은 자신의 답변을 하는 과정이 어쩌면 최선이 아닐 수도 있다는 생각을 간과해선 안 됩니다. 또한 면접관들은 즉시 업무가 가능할 만한 인재를 찾고 있음을 잊지 말아야 할 것이며, 면접관의 입장에서 바라보는 역지사지 정신에 입각한다면 보다 효율적인 결과로 이루어질 것입니다.

📁 상식, 시사 관련 질문

이른바 시사 상식에 관한 질문을 받는 상황에서도 주의해야 할 사항이 많습니다. 이때 면접관들의 주된 의도를 살펴보자면 다음과 같은 의도가 내재되어 있음을 고려해야 합니다.

- 정보습득 경로, 정보 전달력을 갖추고 있는가?
- 경제관, 윤리관, 직업관에 대해 기준이 잡혀있는가?
- 기업이 추구하는 사상과 일치하는가?
- 상식 및 기초 지식이 결여되어 있지 않는가?
- 문제 해결 능력의 기본 의지가 있는가?
- 관련 부서 내에서의 적응 여부에 적당한가?
- 탐구하고 분석하는 자세를 갖췄는가?
- 일반적인 지식의 폭과 깊이가 얼마나 되는가?
- 직장 생활에 단합도와 협심에 무리가 있는가?

이번 장에서 다뤄지는 문항의 폭은 가장 넓은 영역이라고 할 수 있겠습니다. 시대별, 상황별, 직종 및 직무별 그 범위를 참으로 예측하기가 어려운 만큼, 평소 생활상식에 관한 자료나 일간지, 주간지, 뉴스 등을 통해 상식의 이해도를 넓혀왔어야 합니다. 그렇다면 평소 시사, 상식, 이슈에 강해지기 위한 습관들을 일부 이야기해보도록 하겠습니다. 자신의 일상에 적용할 수 있는 사항들을 하루라도 빨리 적용하여 상식에 능한 인재가 되도록 해야 합니다.

- 신문 구독 및 습관적인 뉴스 시청
- 인터넷 뉴스는 물론 댓글 열람의 생활화
- 습관적인 퀴즈 프로그램 시청
- 평소 관심 밖의 생활에 호기심
- 운전 중이나 취침 전에도 라디오(교양) 프로그램 청취
- 일상 지인들과의 대화에서 시사, 상식의 화제를 선정
- 서점, 도서관을 통한 일반 시사 상식의 습득

물론 평소 시사나 상식에 별 관심을 보이지 않았던 사람인 경우 이러한 질문들에 매우 약한 모습을 보이며 이른바 체질적으로 상식에 약한 분들도 계실 것입니다. 하지만 기업은 지식과 지혜를 겸비한 인재를 찾고 있다는 것을 잊지 말아야 합니다. 각자 자신이 취약한 부분을 스스로 더 잘 인지하고 있을 터, 지금 즉시 발걸음을 서점과 도서관으로 옮겨야 할 때라고 생각됩니다.

그렇다면 상식, 시사 질문들의 유형을 세부적으로 분류해보도록 하겠습니다. 자신이 유난히 취약한 부분을 냉정하게 판단해봅니다. 각 유형별 질문을 예제로 답변해보는 시간을 가지는 것이 중요합니다. 스스로 과연 몇 개의 답변을 유연하게 소화해내는지 되뇌어

보시기 바랍니다.

- 자신의 정치적 색깔을 말해보시오
- 물가 상승과 오늘날 경제 불황의 원인은 무엇인지 설명하세요.
- 자살률 증가의 원인과 대안을 말하세요.
- 적폐란 무엇인가?
- 공공장소 흡연규제에 대해 어떻게 생각하는지?
- 독도가 왜 우리 땅인지 설명하세요.
- B-1B 기를 알고 있는가?
- 한류의 세계화에 대한 주관을 말해보세요.
- 최근 감명 깊게 본 영화는?
- 지난 대선 후보들의 공약들은 무엇이 있는가 말해보세요.
- 군 가산제도에 대한 생각은?
- 서브 프라임 모기지론이 무엇인지 아는가?
- 보금자리주택이란?
- 회식 상황에서 여직원에게 술을 따르란 지시는?
- 학교 체벌에 대해 찬성하는가?
- 세계적으로 민주화 바람이 부는 배경은?
- 우리 회사의 세계시장 진출을 앞두고 준비해야 할 사항들은 무엇인가?

- 세계문화유산에 대해 설명해보세요.
- 최근 인터넷에서 이른바 신상 털기에 대해선 어떻게 생각하는가?
- 고구려 역사 왜곡의 이유와 방안은 무엇인가?
- FTA에 대한 자신의 생각은?
- SNS를 활용하는가? SNS의 장단점은?
- 미국 대선으로 인해 우리 경제에 미칠 영향은 무엇으로 예상하는가?
- 다문화 사회에 접어든 지금 우리의 자세는?
- 담배나 음주를 하는가? 평소 건강관리는 어떻게 하는가?
- 하루 몇 시간 잠을 자며 아침 몇 시에 기상하는가? 혹은 규칙적인 삶을 사는가?
- 지구 온난화의 원인은 무엇인가?

이처럼 관련 질문들은 참으로 천문학적인 양으로 바뀔 수 있음을 강조할 수 있습니다. 다만 이번 장에서 제시되는 질문들의 경우는 실제 면접 상황에서 평소 관심이 없었던 분야였다면 좀처럼 쉽게 답변하지 못할 상황이 가장 높은 질문의 유형들이므로 실제 면접 상황에선 자신만의 추정치라도 답변하며 접근해야 합니다.

하지만 아무리 생각해봐도 생각하고, 생각하고 또 생각해봐도 자신이 결코 답변할 수 없는 이른바 '듣도 보도 못한 질문'이라고 생각된다면 조금도 망설이지 말고 즉시 다음과 같은 답변을 하는 것이 현명한 방법이 되겠습니다.

"네, 현재 ○○에 대해선 정확하게 알고 있지 못합니다. 하지만 ○○기업의 신입으로서 반드시 알아야 하므로 면접이 끝나는 대로 반드시 숙지하겠습니다. 해당 부분에 대해 밤을 새워서라도 숙지하겠습니다."

위 예시를 통해 알 수 있듯이 면접 상황에 가장 치명적인 것은 답변을 하지 못하는, 즉 묵언수행, 묵비권, 묵묵부답, 묵상 등입니다. 이는 절대 안되는 일이기도 합니다. 답변을 알고 있지 않다 하더라도 그것이 문제가 되는 것이 아닙니다. 답변을 못한 것보다 더 치명적인 것이 있다면 알아가려는 의지가 보이지 않는 것이기 때문입니다. 이렇듯 모른다 하더라도 알아가겠다는 의지를 통해 또 다른 질문의 확률을 기대해야 하는 것이 면접이라 하겠습니다.

이렇듯 이번 장은 통계적으로 실제 면접이 중반을 넘어서는 단계이므로 지원자의 신뢰를 굳혀가는 기점으로 생각해도 되겠습니다. 면접을 준비하면서 상식과 세상 이야기를 갑자기 알아내려 하기엔 아시다시피 무리가 큰 만큼, 평소 주변과 이웃의 이야기, 뉴스 시청과 문화 활동을 통해 박학다식한 인재로 도약하는 여러분이 되시기를 바랍니다.

📁 압박, 돌발성 질문

필자는 성격이 급한 편이어서 당구처럼 집중력을 요구하는 레포츠는 약한 편입니다. 그러나 예전에 당구장에 갔을 때 '쿠션볼'이라는 게임을 접해본 적 있습니다. 당구공을 회전 시켜가며 펜스를 맞추고 쿠션을 일으키며 점수를 취하게 되는 방식입니다. 이때 필자와 같은 하수들은 기회만 오면 냅다 쳐버리지만, 고수들일수록 다음 상황을 그려가며 힘을 조절하고 각도를 조절하게 됩니다. 심지어 빨간 공들의 거리를 꾸준히 유지시키며 지속적으로 점수를 취하는 경우도 본 적 있습니다. 이 또한 다음 상황을 정확히 예측했기에 가능한 결과라고 볼 수 있겠습니다.

우리가 면접장에서 하는 답변들도 크게 다르지 않습니다. 그들의 질문에 답하고 답해가는 과정에 능력과 매력과 가능성을 어필하는 것 아니겠습니까? 그러한 과정들을 예측하고 대비하는 지원자일수록 매순간의 질문들에 당황하지 않을 것이며, 기다렸다는 듯이 더 여유 있는 답변을 기대할 수 있는 것입니다.

예를 들어 전 직장을 3년 만에 퇴직하고 온 지원자의 경우라면 "왜 퇴직을 결심 했냐"며 물어 올 것입니다. 이때 준비 된 지원자라면 이러한 질문 정도는 예측하고 있었을 것이며 더 나아가선 전 직장과 현 직장의 차이점, 그때와 달라진 사항들, 기타 지난 3년간의 성과물과 활용 방안 등 면접관들 입장에선 1차적으로 물어 볼 수 있는 궁금한 사항들에 대해 예측할 수 있는 것만으로도 압박 면접을 유연하게 풀어갈 수 있습니다.

더 쉽게 설명해보겠습니다. 누군가 여러분 앞에서 이러한 말들을 한다고 생각해봅시다.

"결혼 하고 싶다"

"부자가 되고 싶다"

"오래 살고 싶다"

이러한 말을 듣게 된다면 뭐라고 되물어보겠습니까? 왜라는 의문이 생기게 되고 그것을 결국 묻게 될 것입니다. 압박 질문이란 이와 비슷합니다. 그럼 일반기업 면접에서 자주 나오는 압박 질문들을 알아보겠습니다.

- 거주지와 직장이 매우 멀군요.

- 결국은 연봉 때문에 옮기는 것인가요?

- 우리가 왜 당신을 믿어야 하나요?

- 다른 회사에서도 그렇게 답변 하셨나요?

- 만약 그 일이 아닌 새로운 직무도 할 수 있겠어요?
- 전공과 무관한 일을 해 왔군요.
- 좀 색다른 답변 없습니까?
- 그럼 우릴 한 번 설득 해 보세요.
- 매일 회식을 하는데 문제없겠어요?
- 그런 형식적인 답변 말고 진짜 이유를 대봐요.
- 만약 떨어지면 예전 회사로 돌아가겠군요?
- 자격증을 보니 관련성이 없군요?
- 공백 기간에 주로 뭘 하셨는지 구체적으로 얘기해주세요.
- 면접 끝나면 뭐 하실 건가요?
- 원래 그렇게 목소리가 작나요?
- 그 정도로는 합격하기 힘든 거 아시죠?
- 지금 그 논리가 옳다고 생각됩니까?
- 자신이 사장님이라면 어떻게 했겠습니까?
- 인내력이 있어 보이지 않는데 자신의 생각은 어떤가요?

　　결국 압박질문이나 돌발 질문 등도 지원자 자신에 의해 발생되는 경우가 상당하다는 것을 알 수 있습니다. 이에 자신의 언행, 몸가짐 등을 더욱 객관화시킬 필요가 있겠으며 면접관들의 기본적 입장마저 간파하고 있을 때 돌발적인 질문마저도 마치 태극권 고수처럼 유연하게 풀어갈 수 있는 것입니다.

📁 상황을 제시하는 형태의 질문

면접관 입장에서 보았을 때 기본적 소양을 갖춘 지원자가 기본적 답변을 소화하고 있다고 가정해보면 사실상 의심의 먹구름이 지나게 되는 찰나에 희망적인 날씨와 같은 면접 상황을 만들어 가게 될 것입니다. 그러한 단계를 상황 제시 형 면접이라고 구분할 수 있겠습니다. 이쯤 되면 우려 반, 기대 반의 심리상태가 되니 지원자의 입장에선 굳히기 전략을 뽑아 들어야 할 시기이기도 합니다.

일반적인 지원자보다 비교적 나이가 많은 경우나 일반적인 지원자보다 현저히 높은 의욕을 보이는 경우에는 상황 제시 형 면접으로 이어질 가능성은 더욱 높아지게 될 것입니다. 특히 "다른 지원자보다 나이가 있는데 나이 어린 상사를 모실 수 있나?" "나이 어린 상사의 지시사항에 들을 수 있겠나?" "생각보다 일이 힘들 텐데, 그때마다 어찌 극복할 생각인가?" "그럼에도 불구하고 오늘 원치 않는 결과가 나온다면 재도전 하겠는가?" 등의 질문들이 불가피하게 될 것입니다.

이에 자신을 돌아보고, 역지사지로 그들의 입장을 예측해보면 면접장에서 어떠한 질문을 접하게 될지 대략 예측할 수 있게 될 것입니다. 상황 제시형 질문에서 지원자가 가져야 할 마음 자세 중 단연 최고는 이것입니다.

"내가 아니면 누가 하겠는가?"

이 정신에 입각하여 답변한다면 훨씬 수월한 답변으로 이어질
수 있습니다.

다음은 일반 기업에서 찾아볼 수 있는 상황 면접의 사례입니다.

Q: 동료나 상사와의 갈등을 어떻게 대처하겠나?

A: 그 어떤 단체라 하더라도 서로 간의 크고 작은 갈등은 불가
피하다고 생각합니다. 하지만 그러한 갈등으로 인하여 고객,
민원인, 심지어 기업에도 불이익이 발생되어선 아니 될 것입
니다. 전 비록 신입이지만 갈등을 일으키기보다는 갈등을 해
소하려는 노력으로 일하겠습니다.

↳ 상황에서 예상되는 압박질문 :

– 갈등을 해결한 사례가 있나?

– 갈등의 원인은 무엇이라 생각하는가?

Q: 부당한 대우를 받고 있다면 어찌 하겠나?

A: 네, 그런 일은 없어야 하겠지만 부당한 대우, 즉 제 자신에
게 더 많은 업무가 지속적으로 맡겨지는 경우엔 이를 방치하
지 않는 것도 중요하다고 생각합니다. 물론 작게나마 능력을

인정받고 있으므로 더 많은 업무가 맡겨진다는 생각은 바람직하겠지만 이러한 노력들이 악용될 가능성을 염려하여 드리는 말씀입니다. 누가 지시를 하던 안 하던 일관된 노력을 펼쳐가겠습니다.

↳ 상황에서 예상되는 압박질문 :
- 책임감을 발휘했던 사례는?
- 갑질 문화에 대해 어떻게 생각하는가?

Q : 두 명의 상사가 동시에 지시를 내린다면 무엇이 우선인가?
A : 네. 결론부터 말씀드린다면 저는 두 분 상사의 지시를 모두 따를 것입니다. 몸은 하나이지만 즉시 할 수 있는 일부터 시작할 것이며 주어진 업무를 방치하거나 간과하지 않을 것입니다. 결국 제가 받은 지시 사항은 모두 해낼 자신감으로 일하겠습니다.

↳ 상황에서 예상되는 압박질문 :
- 기타 딜레마에 빠질만한 질문

Q : 원치 않는 부서로 발령 받는다면 업무가 가능하겠나?
A : 네. 원치 않는 부서라 할지라도 또 다른 업무를 배울 수 있는

기회의 시간으로 삼겠습니다. 전공과 일치하지 않는다고 하여 업무에 이질감을 갖는 것이 아닌 기회의 시간으로 받아들일 각오인 만큼 훗날 모든 부서에서 모든 업무가 가능한 멀티플레이어에 도전하겠습니다.

↳ 상황에서 예상되는 압박질문 :
- 오지 근무 가능한가?
- 그동안 무얼 했기에 더 배우겠다는 것인가?

Q : 나이 어린 상사와 일할 수 있나?

A : 네. 상사의 나이가 어리다 하여 불미스런 일은 없을 것입니다 오히려 상사가 더 현명하고 지혜로운 지시를 내릴 수 있도록 그림자처럼, 왕의 책사처럼 모시겠습니다.

↳ 상황에서 예상되는 압박질문 :
- 상사가 현명하지 못하다고 판단되면?

Q : 타 기업에서 이른바 스카우트 제의를 해온다면 어떻게 받아들이겠는가?

A : 스카우트 제의가 온다면 그 자체만으로도 매우 흡족할 것입니다. 그만큼 업무 능력을 인정받고 있다는 증거가 되기 때문

입니다. 하지만 제가 그러한 대우를 받는 것은 그때까지 저를 가르치고 함께 해온 상사들과 동료들이 아니었으면 가능하지 못했을 것입니다. 이러한 기회로 회사를 굳이 떠나야 한다면 결코 저 혼자 떠나지 않을 것입니다. 은혜를 은혜로 갚을 줄 아는 사원이 되겠습니다.

↳ 상황에서 예상되는 압박질문 :
- 은혜 갚아본 적이 있나?
- 더 높은 대우를 제안받는다고 해도 변함없을 것이란 뜻인가?

Q : 직장 내에서 고민이 생기면 누구와 상의 하겠나?
A : 직장생활을 하다 보면 고충과 고민이 당연히 생겨날 것이며 이러한 고민을 혼자 안고 있기 보다는 동료, 상사를 통해 늘 유연하게 개선해 나아갈 것이며 제가 가진 고민들이 기업은 물론 고객에게 조금이라도 불편함을 제공하는 일이 없도록 노력하겠습니다.

↳ 상황에서 예상되는 압박질문 :
- 평소 고민상담은 누구와 하나?
- 스트레스 해소 방안은?

Q : 중요한 약속이 잡혔는데 연장 근무 명령을 받는다면?

A : 네. 약속도 중요하지만 제가 맡은 업무는 더욱 중요합니다. 연장 근무를 지시받지 않더라도 저는 맡은 일을 반드시 마무리해야 한다고 생각합니다. 중요한 업무와 겹치는 사태가 발생한다 하더라도 반드시 방법이 있다는 생각으로 일하겠습니다. 이처럼 무엇이 더 우선인가에 대한 객관적 사고를 통해 늘 현명한 자세를 유지해 나아가겠습니다.

↳ 상황에서 예상되는 압박질문 :

- 여러 상사들의 복수적인 지시사항은 누가 우선인가?
- 임기응변, 순발력을 발휘했던 사례는?

Q : 만일 합격하지 못한다면?

A : 네. 합격하지 못한다는 말씀만으로도 마음이 무거워집니다. 하지만 저는 지금 이 순간만을 위해 준비했다고 생각하며 오늘 꼭 합격할 각오로 이 자리에 왔습니다. 그래서 반드시 합격하는 모습을 보여드리겠습니다.

↳ 상황에서 예상되는 압박질문 :

- 다음 면접장은 어디인가?
- 우리를 상대로 자신이 합격해야 하는 이유를 설득해 보시오.

Q : 본인이 꼭 합격되어야 하는 이유는?

A : 우선 합격이란 말씀만으로도 하늘을 날 수 있을 것 같습니다. 물론 다른 모든 지원자들도 뜨거운 열정이 있겠지만 저보다 뜨거울 순 없을 것입니다. 또한 모두가 책임감을 말하지만 그 책임감의 유효기간이 저보다 더 오래갈 순 없을 것입니다. 저는 지금 투입된다 하더라도 즉시 적응하여 바로 성과를 낼 각오가 되어 있습니다. 그러므로 저는 반드시 합격해야 합니다. 믿고 맡겨주십시오!

↳ 상황에서 예상되는 압박질문 :

- 책임감의 정의는?
- 리더십을 발휘한 경험은?

다음은 공무원의 경우입니다.

Q : 동료나 상사의 부조리를 목격했다면?

A : 그런 일은 결코 있어선 안 될 것입니다. 만일 제가 근무 중 이러한 부조리를 목격한다면 다음과 같은 조치를 취하겠습니다. 첫 번째로 해당 상사에게 시정을 요청하겠습니다. 이 또한 아랫사람으로서의 예의라고 생각합니다. 하지만 그럼에도 불구하고 시정되지 않는다면 내부고발, 혹은 지휘체계에 입

각하여 신고조치 해야 하는 것이 옳다고 생각합니다. 이러한 부조리로 하여금 국가는 물론 국민들에게도 조금의 불이익이 제공되어선 안 되기 때문입니다. 늘 한결같은 마음으로 일하는 공무원이 되겠습니다.

↳ 상황에서 예상되는 압박질문 :
- 청렴성의 중요성은?

Q : 근무 중 가정에 급한 일이 생기면 어떻게 하겠나?
A : 공무원에게 가정도 중요하지만 공무 수행은 더욱 중요하다고 생각합니다. 하지만 이같은 진퇴양난에 가까운 상황이라 하더라도 누구보다 더 침착한 자세를 유지하겠습니다. 공무 수행 중이라 하더라도 융통성을 발휘하여 가정의 상황을 파악하겠습니다. 그리고 그 어느 때보다도 더욱 열심히 일할 것이며 맡겨진 업무를 모두 완수한 이후 즉시 가정을 돌보겠습니다. 저는 가정과 공무수행, 무엇 하나 간과하거나 방치하지 않을 것입니다.

↳ 상황에서 예상되는 압박질문 :
- 막무가내 민원인을 대처하는 요령은?

Q : 공무원의 보수가 비교적 높지 않은데 지장 없겠나?

A : 네. 그렇습니다. 공무원의 보수가 높지 않은 것은 사실입니다. 하지만 저는 생활하는데 결코 어려움을 느끼지 않을 수 있습니다. 지금까지 수입보다는 지출에 더욱 냉정했듯이 어떻게 버느냐보다 어떻게 쓰느냐가 더 중요합니다. 스스로 검소한 생활을 통해 가장 공무원다운 모습의 맥을 이어가겠습니다.

↳ 상황에서 예상되는 압박질문 :

- 사기업의 스카웃 제의를 받게 된다면?

Q : 본의 아니게 뇌물을 수수했다면?

A : 그런 일은 결코 있어선 안 된다고 생각합니다. 누구나 실수는 할 수 있지만 같은 실수를 반복해선 안 되듯이 본의 아닌 뇌물수수와 같은 실수가 생긴다면 법 앞에 처벌을 받는 것은 당연하다고 생각되며 이러한 실수를 통해 자신은 물론 주변의 모든 공무원들도 같은 불행이 일어나지 않도록 하겠습니다. 뇌물은 목적에 의한 것이며 선물은 마음에 의한 것이라지만 저는 뇌물, 선물에 관심을 갖지 않을 것이며 오직 월급만 받겠습니다.

↳ 상황에서 예상되는 압박질문 :

- 뇌물과 선물의 차이를 말하시오.
- 실수담 사례는?

Q : 공무원으로서 원칙과 융통성 가운데 무엇이 최선인가?

A : 네. 답변 드리겠습니다. 공무원도 사람인데 어찌 융통성에 기대를 하지 않을 수 있겠습니까. 원칙과 융통성 가운데 최선이 있다면 부드럽고 유연한 원칙을 추구하는 것이 최선이라고 생각하며 융통성을 발휘한다 하더라도 도덕적으로, 양심적으로, 청렴함이 중심이 된 융통성이어야 한다고 생각합니다. 이렇듯 외유내강 형 공무원이 이상적인 공무원이라 판단되며 원칙과 융통성 모두를 아우르는 모범 공무원이 되겠습니다.

ㄴ 상황에서 예상되는 압박질문 :
- 공무원 노조에 대한 주관은?

다음은 일반 기업과 공무원에게서 공통적으로 받을 수 있는 질문입니다.

Q : 우리 회사를 지원한 것이 회사를 위한 길인가? 자신을 위한 길인가?

A : 네. 회사를 위하는 길은 결국 제 자신을 위한 길이 될 수 있습니다. 그러므로 회사, 고객, 자신 모두를 위한 직장 생활을 하겠습니다.

↳ 상황에서 예상되는 압박질문 :
- 복수지원 여부는?
- 우리 회사의 인재상은?

Q : 자신이 면접관이라면 여러분 중 누구를 합격시키겠는가?
A : 제가 어찌 감히 면접관님의 선택을 대행할 수 있겠습니까. 하지만 제가 합격자를 선택한다면 책임을 다할 수 있는 지원자의 가능성을 평가하고 합격을 결정지을 것입니다. 저는 분명한 목표를 설정하고 행동하는 지원자로서 시간이 갈수록 진화하는 인재가 될 자신이 있습니다. 믿고 맡겨주시면 실망시켜 드리지 않겠습니다.

↳ 상황에서 예상되는 압박질문 :
- 인생의 최종 목표가 무엇인가?

Q : 전 직장과 우리 회사의 차이점은 무엇인가?
A : 네. 차이점을 말씀드리겠습니다. 전 직장과 ○○기업과의 차

이점은 여러 가지가 있지만 대표적인 차이점은 공익을 추구하는지, 이윤을 추구하는지의 차이라고 감히 말씀드리겠습니다. 공기업에서 근무했던 저는 그 어떤 지원자보다도 몸에 밴 공익성을 통해 고객을 대하는 자세가 더욱 안정적일 수 있으며 이윤과 성과를 추구하는 ○○기업에서는 그동안 숙지해 온 경험을 바탕으로 고객들의 니즈를 한 발 앞서 예측할 수 있을 것입니다. 이처럼 각 기업은 추구하는 색깔에 차이를 두고 있으며 이러한 차이점은 마치 심장과 뇌와 같은 형국으로서 기능은 다르지만 반드시 존재해야 하는 것과 같다고 생각됩니다. 그러므로 ○○기업 내에서도 꼭 필요한 인재가 되겠습니다.

↳상황에서 예상되는 압박질문 :

- 자신이 기업 대표라면 어떤 정책을 펼칠 것인가?
- 우리 회사의 경쟁사는 어디라 생각하며 이유는?

📁 미래와 관련된 질문

이전까지의 면접 질문들은 진위여부, 사실 확인, 가능성의 문제라면 미래형 질문의 경우는 면접 긴장감을 조금 풀어도 좋습니다.

비교적 합격의 윤곽이 나타나는 경우가 여기에 해당되므로 여러분의 남겨진 모든 재능들을 누룽지 긁듯이 박박 긁어내야 할 차례입니다. 물론 아직 상황이 종료된 것은 아니므로 집중의 끈은 놓지 않아야 합니다. 정리하자면 미래형 질문이 나오면 충분히 밝은 분위기로 답변할 수 있는 단계이므로 가급적 밝은 분위기로 말해야 합니다. 또한 면접관으로부터 신뢰도, 능력지수, 기대감마저 좌우할 수 있는 단계입니다.

Q : 합격하면 제일 먼저 무엇을 하고 싶은가?

A : 우선 합격이란 말씀만으로도 너무 기쁩니다. 저도 물론 여행이나 그동안 하지 못했던 많은 것들을 하고 싶지만 제가 근무하게 될 지역이나 부서의 동료, 상사들을 먼저 찾아뵙고 인사드리는 것이 예의라고 생각합니다. 그리하여 실제 업무에 투입되어서도 일어날 수 있는 업무적 차질을 줄여 나아가는 것이 현재로서 가장 먼저 해야 할 일이라고 생각합니다.

Q : 언제까지 근무할 수 있나요?

A : 네. 물론 마음으로는 평생직장으로 생각합니다. 직장 생활을 오래 하는 것도 중요하지만 시간 대비 가장 많은 성과를 기록한 사원으로 남는 것이 더 중요하다고 생각하며 점층적이면서도 오래 유지할 수 있는 사원으로 기록되고 싶습니다.

Q : 10년 후에 자신은 어떤 모습일까요?

A : 네. 우선 생각만으로도 매우 뿌듯합니다. 10년이면 강산도 변하듯이 지금의 제 모습도 진화를 거듭한 이른바 프로가 되어 있어야 합니다. 기업도 과거를 보고 현재를 보면 미래를 예측할 수 있듯이 지금의 노력하는 모습이 결국엔 없어선 안 될 핵심 인재가 되는 것이라고 생각합니다. 10년 후에는 지금 면접관님들의 맥을 이어 나아갈 인재가 되어 있을 것이라고 생각합니다.

Q : 믿고 맡겨도 되겠지요?

A : 네. 그렇습니다. 지금 즉시 현장에 배치된다 하더라도 망설임 없이 업무를 시작할 각오로 이 자리에 왔습니다. 믿고 맡겨 주신다면 결코 실망시켜드리지 않는 인재가 되겠습니다.

Q : 어느 부서를 희망합니까?

A : 현재 제가 지원한 부서는 ○○입니다. 제 전공과 경험을 놓고 보았을 땐 ○○부서가 가장 적합하다고 생각하지만 그 외 어떤 부서를 배치 받는다 하더라도 망설임 없이 일할 수 있습니다. 오히려 더 많은 것을 배울 수 있는 기회들이라 생각하며 제 자신의 잠재력 또한 어느 정도인지 알 수 있는 시간이 될 것이기 때문입니다.

Q : 어느 직급까지 진출하고 싶은가요?

A : 네. 제 자신의 한계를 넘어서는 최고의 직급까지도 진출하고 싶습니다. 하지만 최고가 되기 위해선 작은 것도 놓치지 않는 정성이 필요하다고 생각합니다. 지금 제가 놓치지 말아야 하는 것은 지금 이 순간이듯, 주어진 상황에 늘 최선을 다하겠습니다. 또한 이정도 꿈은 갖춰야 이 기업에 지원할 자격이 있다고 생각합니다.

Q : 향후 업무 계획을 말해보세요.

A : 업무 계획을 말씀드리겠습니다. 우선 가장 먼저 배치 받은 부서에서 최단시간에 적응할 것입니다. 또한 어렵고 힘든 일에 물러서지 않는 자세가 된 사원의 모습으로 일할 것입니다. 그리하여 수습기간 이후 그 규모가 작다 하더라도 늘 성과를 좌우하는 인재로 성장해 나아가겠습니다. 이러한 업무 계획을 반드시 현실화하겠습니다.

📁 마지막으로 하고 싶은 말

자신에게 주어진 마지막 기회가 될 수 있는 대목이란 것을 명심해야 합니다. 따라서 이러한 질문에 없다고 답변하는 것만큼 성의 없는 답변도 없을 것입니다. 면접관들을 훈계하거나 일명 공자 앞에서 문자 쓰는 듯한 모습을 주의하시기 바랍니다. 다른 지원자들과는 비교 우위적인 답변들을 구상하는 것이 기본입니다.

A : 너무도 짧은 시간 동안 더 나은 모습을 보여드리지 못하여 아쉬운 마음이 듭니다. 실제 업무에선 더욱 침착한 모습으로 일하겠습니다.

A : 준비했던 시간에 비하여 다소 허무하게 느껴지긴 하지만 제 자신이 진정으로 최선을 다한 답변이었으므로 조금도 후회가 없습니다. 이젠 면접관님들의 결정을 따르겠습니다.

A : 이토록 짧은 시간에 더욱 믿음직한 모습을 발휘하지 못해 송구합니다. 하지만 반드시 합격되어 말이 아닌 행동으로 제 자신의 진가를 보여드리겠습니다.

A : 너무 긴장되어 적절치 못한 답변이 몇 차례 있었습니다. 이 점을 너그러이 이해해 주시리라 믿으며 고생하신 면접관님들께 진심으로 감사드립니다.

A : 네. 저는 최선을 다했습니다. 오히려 오늘 하루 고생하신 면

접관님들께 지원자 모두를 대신하여 진심으로 감사드립니다.

A : 비록 답변은 서툴렀지만 서툴렀던 모습들을 방관하지 않고 점차 바로잡아 나아가는 인재가 되어 실전에서 더욱 강한 인재라는 것을 꼭 증명해 드리겠습니다. 감사합니다.

면접의 일반적인 노선을 전반적으로 이해하고, 이에 대한 진입 여부를 직, 간접적으로 이해하는 마음상태도 중요합니다. 지금 나의 면접이 중반을 넘어섰는지, 다음으로 등장할 질문들은 어떻게 예상할지에 대해 한발 앞서 생각한다면 훨씬 더 순조롭고 이상적인 면접이 될 수 있을 것입니다.

02
나만의 이야기 만들기

　　실제 면접 상황에서 여러분의 살아온 흔적과 경험, 기록들, 사건, 왕년의 미담 등 그 쓰임새는 매우 유용하므로 하루 속히 자신만의 이야기들을 만들어보길 바랍니다. 다음과 같은 사례들을 통해 여러분의 위기를 극복시킬 든든한 밑천이 될 것입니다.

- 살아오면서 가장 힘들었던 사례
- 열정적으로 도전을 해 본 사례
- 큰 박수를 받아보거나 공식적으로 인정받은 사례
- 자발적 자세로 봉사활동을 해 본 사례
- 두려움을 극복해 본 사례
- 외국인에게 도움을 준 사례
- 연거푸 실패해도 도전하여 성공했던 사례
- 공무원으로부터 도움을 받은 사례

- 인턴생활하며 칭찬 받은 사례
- 어학연수 중 힘들었던 사례
- 친구들의 갈등을 해결 해본 사례
- 물건을 팔아본 사례
- 라이벌, 경쟁자들과 협업해본 사례
- 청렴성을 위반 해 본 사례
- 책임감을 발휘해 본 사례
- 성취감을 느껴본 사례
- 창의성을 인정받은 사례
- 양심을 속여 본 사례
- 성실성을 인정받아본 사례
- 리더십을 발휘해본 사례
- 밤 새워서 일 해본 사례
- 사회적 약자에게 도움을 준 사례
- 원칙과 규정을 외면해본 사례
- 자신만의 임기응변 능력으로 문제를 해결한 사례
- 핸디캡은 무엇이며 극복해본 사례
- 좌절했던 사례와 재기해본 사례
- 근성과 인내심으로 버텨본 사례
- 열등감을 느껴본 사례와 극복한 사례
- 진정성을 기반으로 효도해본 사례

좋은 인상 만들기 BEST 10

1. 공격적이고 부정적인 생각을 과감하게 버리기

2. 가족이나 친구들에 대해 늘 감사하기

3. 거울을 자주 보면서 밝은 표정 연습하기

4. 규칙적인 생활과 운동으로 안정된 몸매를 만들기

5. 먼저 인사말을 건네는 자세와 시선 마주치기

6. 콧방귀나 딴청 피우지 않으며 반듯하게 경청하기

   평소 친구나 어려움을 모르는 사이에서 나타나던 습관들이 면접 상황
   에도 나타나게 됩니다.

7. 입으로만 말하지 않고 표정을 동반하여 말하기

   면접은 입으로만 하는 것이 아니라 얼굴 전체로 말하는 사실을 유념하
   십시오.

8. 인사에 대한 모든 것을 정확하게 숙지하고 반복하기

9. 상대방의 말을 가로채거나 말을 끊지 않기

10. 깔끔한 헤어스타일과 손 · 발톱을 정리하고, 면도하기

지원자들의 착각 BEST 10

1. 지인들의 소문과 같은 면접이 될 것이다

여러분이 맞이할 면접은 어떤 상황이 생길지 예측할 수가 없습니다. 다만 대비해야 하는 것입니다. 우리의 인생처럼 예측보다는 준비가 현명하다 하겠습니다.

2. 스터디 활동을 하면 완벽히 준비한다

3. 평소에 하던 대로 하면 될 것이다

4. 답변을 완벽히 암기하면 성공할 것이다

5. 외면하고 있는 면접관은 나를 싫어한다

그럼 반대로 생각해보겠습니까? 답변할 때마다 이른바 빵빵 터지는 면접관들의 반응이 좋았다 해도 절대적으로 합격을 보장받지는 못한 경우가 많습니다. 이와 같이 결과를 함부로 예측하고 중도에 좌절하는 일은 없어야 합니다.

6. 일찍 끝난 면접은 반드시 떨어진 것이다

오랫동안 면접을 치르고도 합격하지 못한 경우는 어떻게 받아들여야 하겠습니까? 면접 시간의 길고 짧고의 문제가 아니란 것을 알아야 합니다.

7. 면접관들이 웃고 좋아한다면 잘 한 것이다

물론 면접관들이 즐거워했다면 확률적으로 앞설 순 있습니다.

8. 말을 잘 하면 잘 할수록 좋은 점수일 것이다

말보다 더 잘해야 하는 것은 무엇이겠습니까? 실무 능력입니다. 꾸밈없는 답변 즉, 모르는 것은 모른다고 말하고, 안 해본 것은 안 해봤다 말하는 것이 우선입니다.

9. 딜레마 질문은 나를 괴롭히려는 의도가 있다

정답입니다. 하지만 여기서 괴롭힌단 얘기는 실제 업무에서 발휘될 능력을 테스트하는 개념으로 이해하시는 편이 옳습니다. 질문 중에는 지원자가 고민하고 쩔쩔 매야 하는 답변도 존재하기 때문입니다.

10. 면접 후 왠지 대반전이 있을 것 같다

면접뿐 아니라 무엇이든 테스트를 마치게 되면 안 될 거란 생각과 혹시나 하는 생각이 교차되는 것은 당연합니다. 잘했음에도 불구하고 안 되었다면 더 잘해낸 누군가가 있다는 것입니다. 그래서 더 많은 노력과 준비가 필요합니다.

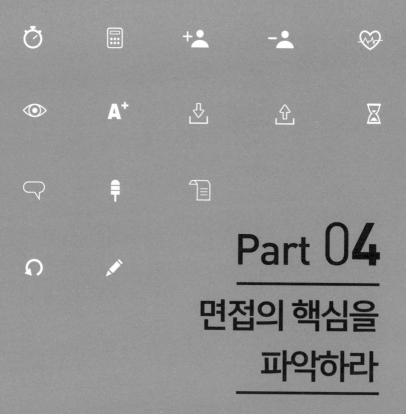

Part 04

면접의 핵심을 파악하라

자신감 있는 표정을 지으면 자신감이 생긴다.
– 찰스 다윈

A MASTER OF
AN INTERVIEW

01
면접 핵심논리 ①
_ 면접 4단계 법칙

누군가가 느닷없이 '인생이 무엇입니까', '밥에 대해 설명해보세요', '마우스에 대해 설명해보세요', '형광등 하면 무엇이 떠올라요?' 등 뜬금없는 질문을 했다고 가정해보겠습니다.

우리는 이미 '모든 질문은 의도가 있다는 것'은 이미 간파하지 않았습니까? 그저 1차원적 답변을 하는 것은 의도의 궤도를 벗어나고 있다는 사실을 지금쯤이라면 명백히 이해하고 있어야 합니다. 이제 필자가 제시한 인생, 밥, 마우스, 형광등에 대해 지금 즉시 설명 해보길 바랍니다. 어떻게 정의내릴 수 있을까요?

그렇습니다. 대부분의 사람들은 이런 답변들을 했을 것으로 예상됩니다. 인생은 태어난 순간부터 죽는 순간까지 살아가는 것이고, 밥이란 우리가 매일 먹는 것이고, 마우스는 컴퓨터 주변기기로 방향을 설정하는 기계이며, 형광등은 빛을 제공하며 야간에도 생활할 수 있도록 도와주는 도구라 말했을 가능성이 높을 것입니다.

만약 이런 질문이 면접질문이라면 어떻겠습니까? 어떠한 숨은 의도에 의해 제시된 질문들이라면, 위와 같이 1차원적 답변은 메리트를 기대하기 어려울 것입니다.

자, 이젠 면접장으로 들어가 보겠습니다.

"네, 인생에 대해 답변을 하겠습니다. 인생은 고난의 연속입니다. 왜냐하면 고난의 연속에 의해 깨달음을 얻고, 정신과 육체는 성숙해가며 같은 마음을 가진 동반자들과 동반된 고난을 함께하며 인생의 진가를 맛볼 수 있기 때문입니다. 제게 ○○기업은 그 고난 중 하나가 되었으면 하는 바람입니다. 기업의 동반자가 되어 의미 있는 인생을 살아가고 싶습니다.

"네, 밥에 대한 정의를 내려 보겠습니다. 밥은 월급과 같습니다. 이를테면 삼시세끼 꼬박꼬박 챙겨 먹을 때 힘을 쓸 수 있듯이, 월급이 밀리지 않아야 안정적 생활에도 힘을 쓸 수가 있기 때문입니다. 또한 밥을 먹는 것만 생각할 것이 아니라 다음 끼니도 걱정할 수 있어야 합니다. 그렇듯 직장생활 하면서 월급만 받아가는 것이 아니라, 매끼를 대비할 수 있는 자세로 동료, 고객들의 배를 채워주고 싶습니다. 신입사원이 되어서도 기업의 찬장과 냉장고를 관리하는 자세로 일하겠습니다."

"네, 밥에 대한 생각을 말씀 드리겠습니다. 밥은 멤버십을 의미합니다. 최근 혼밥족이 늘어가고 있는데 그만큼 외로운 사람들이 많아졌다는 증거로 볼 수 있습니다. 밥을 같이 먹는다 해서 식구란 단어가 있는 것처럼 함께 일하고 함께 밥 먹으며 함께 의존할 수 있는 것이 진정한 직장생활이라고 봅니다. 그러므로 가족을 챙기는 마음으로 동료와 고객을 챙기는 따뜻한 사원이 되겠습니다."

"네, 면접관님. 밥에 대해 답변 드리겠습니다. 밥을 보면 일꾼의 자세가 떠오릅니다. 제 아무리 따끈한 백반이 차려져 있더라도 숟가락, 젓가락이 없다면 아무런 소용이 없습니다. 그러므로 업무 중 충분한 준비가 동반되어야 한다고 생각합니다. 손가락으로 밥을 먹는 불상사가 생겨나지 않도록 늘 한발 앞서 준비하는 신입이 되겠습니다."

"밥이란 어디에 담겨지느냐에 따라 품격 또한 달라진다고 생각합니다. 양푼에 담기면 게걸스레 먹어야 하며 도시락에 담기면 휴대성이 생기게 됩니다. 그러므로 어떻게 먹느냐 또한 중요하지만, 어디에 담느냐에 따라 그 가치가 달라집니다. 이 회사를 지원한 이유도 같은 이유입니다. 좋은 그릇에 담기고 싶습니다."

눈썰미가 풍부한 사람이라면 찾아내었을지도 모르겠습니다. 같

은 질문이라도 대답은 다릅니다. 모든 단어는 의미를 품고 있기 마련입니다. 그러나 대부분 면접을 앞두고 있는 사람들은 긴장된 나머지, 의미를 고려하지 않은 채 실체 형 답변으로 직행합니다. 의미로 풀 것인지, 백과사전 같은 설명으로 이야기할 지부터 선택이 되어 있어야 합니다. 굳이 주의사항이 있다면 직무에 따라 전공에 관련된 질문이 될 수도 있다는 것입니다. 거듭 강조하지만 그 의도는 면접관밖에 모릅니다. 그러니 지원자 개개인의 분위기파악 능력도 한몫 하는 것입니다.

그럼 나머지 키워드들도 이번 장의 핵심 논리에 따라 살펴보겠습니다.

"네, 마우스는 바로 제 자신과 같습니다. 기업과 고객들 사이에 없어선 안 될 메신저의 역할을 하기 때문입니다. 구체적으로 말씀 드리면 해야 하는 업무를 지연시키지 않으며 바로바로 클릭하듯 현장으로 이동할 수 있어야 하기 때문입니다. 이처럼 없어선 안 될 존재는 물론 신속한 메신저가 되겠습니다."

"네, 형광등에 대해 답변 드립니다. 형광등은 이번 면접에서 꼭 필요한 인재입니다. 그 자체만으로도 주변을 밝혀가는 인재가 뽑혀야 하기 때문입니다. 저 역시 만나도 먼저 밝게 인사하고 상사, 동료 앞에서도 늘 밝은 마음으로 일하겠습니다."

📁 모든 답변이 가능한 면접의 4단계

면접을 치르면서 흔히 발생되는 모든 상황에 가장 신속하고 효과적인 답변을 발휘할 수 있는 일종의 전략 기법으로서 면접관으로부터의 ①질문 의도, ②답변 전개, ③적용 가능성의 유무마저도 좌우할 수 있는 매우 기본적인 답변의 방법이자 스토리텔링이라고 볼 수 있겠습니다. 특히 면접 도중 예상치 못한 질문이나 갑작스런 질문을 받게 되는 경우에 그 가치가 더욱 상승하게 되며 지원자에겐 의도되지 않은 상황에 반사적으로 발휘되는 제2의 순발력과 재치 능력으로 평가받게 될 가능성이 높아지게 됩니다. 물론 면접에서의 절대적인 대안은 아니지만 지원자 자신을 든든히 지켜줄 보조적인 능력이 함께 하는 기법인 것은 분명합니다. 예상 질문에 대한 훈련도 중요하지만 모든 상황에 대비하는 것은 더욱 중요합니다.

주어진 시간 동안 자신을 검증해야 하는 면접시간에, 면접 특유의 긴장감과 불안한 시간동안 지원자 자신의 의도보다 더 나은 답변을 이야기한다면, 면접관들로부터의 신뢰도는 상승하게 됩니다. 또한 자신이 준비했던 답변 그 이상의 효과를 얻게 되는 것은 물론, 면접관들이 여러 지원자를 대비할 때 확신하게 될 것입니다. 이는 마치 새끼 고양이가 생후 한 번도 배워보지 못했던 낙법을 성공적으로 해내는 것과 같습니다. 배워서 해낸 낙법이 아니라 자신의 반사적 신경에 의해서 안전함을 지켜낸 것과 같다는 뜻입니다.

결론부터 말해야 한다는 이른바 두괄식 화법이 예외가 되는 상황일 수 있습니다. 먼저 다음과 같은 네 가지 단계로 구분됩니다.

① 1단계 : 받아주기

1단계인 받아주기에서는 면접관으로부터의 질문을 매우 신속하게 받아주는 단계라고 볼 수 있습니다. 면접관들의 묻는 질문에 시간을 지체하거나 생뚱맞거나 뜬금없는 불상사가 발생되는 것을 예방하는 것이 첫 번째인 것입니다. 즉 던져진 질문에 조금도 무의미한 시간을 보내지 않아야 합니다. 마치 퀴즈 프로그램에서 사회자의 문제를 듣고 정답임을 확신하지 못할 때 우선 과감하게 부저를 누르고 정답을 말할 수 있는 기회와 권한을 가져오는 것과 같은 이치입니다. 이때 가장 이상적인 소요 시간은 1~2초 안팎이라고 볼 수 있습니다. 특히 누가 먼저 질문을 받을지 모르는 단체 면접 상황에선 이러한 받아주기 능력이 부재된 지원자들이 순식간에 불리해질 수 있으므로, 미리 준비하는 것이 필요합니다.

받아주기 단계에서는 질문에 대한 정답을 말하는 것이 아닌 말 그대로 받아주는 단계로서 질문에 대한 즉각 반응을 보이는 것을 첫 목적으로 합니다. 이후 자신의 답변을 더욱 자연스럽게 전개되도록 하는 것이 목적이기도 합니다. 중요한 것은 이 단계가 갑작스런 상황에 불필요한 시간을 지체하지 않도록 활용하는 단계라는 것입니다. 다시 요약하자면 '질문에 대해 무엇이든 말하라'입니다. 면접장에서는 어떻게든 공백을 만들지 않습니다.

② 2단계 : 결론제시

면접관으로부터 직면한 질문을 답변하는 과정에서 질문 자체를 일부 고스란히 복사하여 붙여 넣는 방식이 되며 질문에 대해 결정적인 결론이 제시되는 시점이 되기도 합니다. 본의 아니게 엉뚱한 답변을 하게 될 확률을 줄이는 것이 받아주기였다면 이번 결론짓는 단계에서는 자신의 입장이나 주관, 기타 이해 유무에 대한 사실여부가 결정되는 단계입니다. 마치 확실하게 정조준을 했다면 과감하게 방아쇠를 당기는 단계와 같은 이치라고 생각하면 되겠습니다. 이번 결론짓기 단계에서는 가장 중요하게 여기는 것을 두괄식으로 제시합니다.

a)여러 가지가 있지만 대표적으로 ○○입니다.
b)○○에 대해 굳이 말씀드리면 ○○라고 생각됩니다.

a의 경우는 뭔가 분류를 요구하는 질문이거나 한 가지로 단정 지을 수 없는 형태의 질문에 대한 답변의 방법이 됩니다. 다시 말해

단답형 답변도 중요하지만 더욱 논리성과 이해 여부를 바탕으로 한 객관적인 답변을 요구할 땐 a와 같은 모습으로 답변한다면 한층 더 안정적인 답변으로 이어지게 됩니다. b의 경우는 지원자가 다소 답변하기 곤란한 질문이거나 확신이 성립되지 않은 단계에서 활용가치가 높은 형태의 결론짓기 답변이라고 볼 수 있습니다.

답변에 있어서 결정적인 내용이 전달되는 과정이므로 입에 붙을 정도로 익숙하게 연마한다면 매우 활용 가치가 높다고 생각됩니다. 물론 자신이 답변에 자신 있다면 앞서 제시된 받아주기 단계를 과감히 건너뛰어도 단연 무방합니다.

KBS2에서 방영되었던 〈스펀지〉라는 프로그램을 기억하십니까? 시청자들의 과학적 궁금증을 해결하는 과정에 관련 상식이 풍부한 전문가들의 증언이 늘 함께하여 더욱 인상적이었던 프로그램입니다. 그때 방송에 협조해주시던 많은 각계 전문가들의 답변들에는 공통점이 있습니다. 바로 아래와 같은 유형의 답변들을 필두로 한다는 것을 알 수 있습니다.

"네. 그렇습니다. ○○하는 것이 사실입니다."
"그러한 현상은 여러 가지 이유가 있는데 그중 대표적인 이유는 ○○ 때문입니다."

답변을 풀어가듯 전개하는 방식은 지원자의 신뢰도를 한층 증가시킨다는 것을 말씀드리고 싶습니다.

③ 3단계 : 예화 제시

구슬이 서 말이라도 꿰어야 보배이듯이 자신이 답변이 아무리 정직하고 확실하다 하더라도 관련 예화나 사례 등이 첨가되지 못했다면 그 답변은 어쩌면 쭉정이일지도 모릅니다.

면접관들은 바보가 아닙니다. 자신을 제외한 다른 지원자들도 자신과 별반 다를 바 없는 답변을 아무 경계심 없이 말하게 될 것이기 때문입니다. 하지만 면접관들은 같은 답변이라 하더라도 그 답변에 실체가 있고, 그 답변이 더욱 완성도가 높으며, 그 답변에서 더욱 믿음이 전달된다면 여러 지원자 중 단연 일을 맡기고 싶은 지원자를 선택하게 될 것입니다. 지원자들의 답변에서 이토록 신뢰를 좌우하는 단계가 바로 이 단계입니다. 지원자는 예화를 전하고 있지만 면접관 입장에선 사실상 증언을 듣고 있기 때문입니다. 자신의 경험이나 사례, 사회적으로 공감되었던 사건이나 사고들도 지원자 자신만의 답변이 될 수 있습니다.

관련 예화를 결론에 첨부하게 되면 답변의 신뢰감이 오르는 것은 당연함과 동시에 더욱 매끄러운 답변을 구사할 수 있게 되므로 반복적인 훈련이 중요합니다.

④ 4단계 : 미래지향

여러분, 혹시 축구 좋아하십니까? 축구는 골키퍼의 발에서 시작되어 미드필더, 수비수, 공격수에 이르러 어렵사리 힘겹게 결정적인 득점을 기록해서 성취감과 카타르시스가 공존하게 하는 전 세계적인 스포츠라고 이야기할 수 있습니다. 면접이 이러한 축구와 같다면 미래지향 단계는 축구에서 슈팅과 같다고 이야기할 수 있겠습니다.

면접장에서 여러분이 훌륭한 답변을 해냈다고 가정해 봅시다. 또한 관련 사례와 적절한 예화마저 답했다고 가정합시다. 하지만 답변에 따라 그 완성도를 결정짓는 결정적 답변들이 있습니다. 그러나 면접 상황 중 결정타를 좌우해야 하는 특별한 상황에서만 과감히 사용하는 것이 옳다고 볼 수 있겠습니다. 정리하자면 미래지향적인 답변은 모든 답변에 사용하는 것이 아닌, 진정한 슛 찬스가 되었을 때 멋지게 슛을 쏘라는 것입니다.

4단계 법칙의 효과와 주의사항

면접에서 사용할 수 있는 4단계 법칙의 효과와 기대하실 수 있는 사항을 정리해 보겠습니다. 이 같은 법칙은 모든 질문에 적용이 가능하지만, 절대적인 사용은 주의해야 합니다. 또한 갑작스러운 질문에서도 사용이 가능합니다. 암기식 훈련이 아닌 원리식 훈련이므로, 시간과 힘을 절약할 수 있습니다. 약간의 정성과 부지런함만으로도 기적을 만들어 낼 수 있습니다. 법칙의 주의사항은 다음과 같이 정리할 수 있습니다.

- 그동안 해 왔던 것
- 그동안 알고 있는 것
- 앞으로 해야 하는 것
- 자신만이 할 수 있는 것
- 꼭 하고 싶은 것

이렇게 면접의 질문과 답변을 분류할 수 있습니다. 이렇게 구분이 분명한 면접은 더할 나위 없이 이상적인 면접이라고 할 수 있겠습니다. 그러나 편리한 만큼 위험한 법입니다. 즉, 반드시 빈틈없이 완벽한 것은 존재하지 않기도 합니다. 4단계 원칙도 마찬가지입니다. 쉽다고 해서, 편리하다고 해서 면접에서 모든 답변으로 남용했다가는 오히려 역효과가 발생할 수도 있을 것입니다.

02
면접 핵심논리 ②
_ 인반확공

여러 유형의 인재들을 늘 접하고 있는 직업의 특징상, 사람들에게는 한 가지 공통분모가 있다는 사실을 알게 되었습니다. 그것은 다름 아닌 핸디캡입니다. 모든 지원자에게는 모두 핸디캡이 있었습니다.

누군가는 경력이 없고, 누군가는 자격증이 없고, 누구는 전공과 다른 일을 하는가 하면 또 누군가는 신체적 장애를 가진 지원자 등 정말이지 세상에 완벽한 사람이란 정말 없다는 것을 깨닫게 된 것입니다. 뿐만 아니라 공부 잘 하고 자격증 많고 경력도 적절하고 외모도 준수하다 할지라도 버르장머리 없는 사람에 이르기까지 누구나 핸디캡이 있다고 확신합니다.

그러니 면접 특성상 인재를 가려내야 하는 장소라면 이 같은 핸디캡을 언급하지 않을 수 없을 것입니다. 따라서 불편한 질문이라 하더라도 이를 극복하는 모습이 우선시 되어야 한다고 봅니다. 주요 핸디캡 관련 질문은 다음과 같이 분류할 수 있습니다.

- 나이가 많은 경우
- 전공이 다른 경우
- 경력이 없는 경우
- 공백 기간이 긴 경우
- 신체장애가 있는 경우
- 거주지가 원거리인 경우

실제 상황의 면접관들이라면 이렇게 물어볼 수도 있을 것입니다.

Q : 나이가 어린 상사들과 일할 수 있겠는가?

Q : 다른 지원자보다 나이가 많다는 것은 유리함인가? 불리함인가?

Q : 전공 선택의 기준은 무엇이었는가?

Q : 전공과 전혀 무관한 업무를 수행할 수 있는가?

Q : 사회 경력이 중요한 이유는 무엇인가?

Q : 경력이 부족하여 불리한 입장을 인지하는가?

Q : 자신이 면접관이라면 경력이 없는 사람을 채용하겠는가?

Q: 공백 기간에 주로 어떤 생활을 하였는가?

Q: 왜 다른 진로와 경로로 진출하지 않았는가?

Q: 지원서에 있는 주소가 현주소인가?

Q: 굉장히 먼 거리인데 어떻게 다닐 것인가?

이러한 질문들에 차이가 있다면 그 밖의 모든 질문들과 위치적 차이가 있다 하겠습니다. 이를테면 인사말이 오가고 지원동기를 묻고 직무관련 증언을 듣는 등의 질의응답은 시작단계인가 중반이나 막바지 단계인가로 구분되지만 위의 핸디캡 질문은 면접 전반에 걸쳐 직면할 수 있는 질문들이기 때문입니다. 그러나 빛이 밝으면 그림자도 진해진다 했듯이 불편한 질문에 맞서는 논리를 적재적소에 적용할 수 있다면 오히려 더 나은 공감을 이끌어 유리하게 만들 수도 있습니다. 이 단계에서 가장 중요한 것은 바로 인반확공, 인정하고 반전하고 확신하고 공감하는 것입니다.

대부분의 지원자들은 자신의 핸디캡이 노출되는 순간 부정하는 모습이 일반적이며 심지어 면접관과 논쟁이 유발되는 경우가 속출할 것입니다. 그러나 합격을 부르는 지원자의 경우는 오히려 자신의 핸디캡을 인정하는 자세를 보이고 있습니다. 따라서 다음과 같이 정리할 수 있습니다.

① 인정하는 답변들

"그렇습니다."

"맞습니다."

앞의 답변 중 하나라도 반드시 익숙하게 나와야 합니다. 이후 자신의 핸디캡에 대해 충분히 인정하는 표정과 태도로 답변을 이어가야 하기 때문입니다.

"제가 ○○ 한 것은 사실입니다."

"○○ 한 부분에 대해선 변명하지 않겠습니다."

"그러한 상황은 얼마든지 있을 수 있는 일입니다."

지금은 거의 찾아볼 수 없는 연탄 배달 장면을 떠올려 보면 아저씨들의 손에 달라붙는 듯 척척 전달되는 광경이 생각납니다. 지금 시대에선 수박을 옮기는 모습이 그 원리를 대신하는 것처럼 볼 수도 있겠습니다. 물체가 A에서 B로 전달되는 과정에 발생되는 무게, 밀도, 가속도가 흡수되듯 완충되지 못했다면 연탄이나 수박은 정녕 깨지거나 찰과상을 입게 되어 상품 가치를 잃었을 것입니다. 면접관과 논쟁을 벌일 것인지, 면접의 역습을 노릴 것인지 선택할 수 있어야 합니다.

② 반전하는 답변들

"하지만"

"그렇지만"

"그렇지 않아도"

면접관의 1차적인 편견으로부터 맞서는 단계가 이 순간입니다. 다시 말해 면접관은 지원자 개개인이 자신의 핸디캡을 인지하고 있는지, 인정하고 있는지, 간과하고 있는지 등에 대한 의도로 질문했을 가능성에 무게를 두고 싶습니다.

사실, 그 단체 그 기업이 지원자들의 핸디캡을 묻지 않고 무조건 칭찬만을 이야기한다면 그것은 결코 옳은 일이 아닙니다. 그것은 오히려 악용될 가능성이 높다고 볼 수 있습니다. 이 논리는 즉 그대들에게 불리한 질문을 많이 물어 올수록 정직한 기업이고, 정직한 단체라는 증거가 될 수 있습니다.

③ 확신하는 답변들

"그러므로 제가 합격한다면 ○○ 하겠습니다."

"이처럼 ○○ 하는 신입 사원이 되겠습니다."

아무리 무뚝뚝하고 보수적인 면접관이라도 다른 지원자들의 일반적인 모습과 달리 특화된 주관을 가진 지원자의 절도 있는 답변 앞에선 확신을 응원하게 될 것입니다. 아무리 실무는 이상과 다른 형태라 해도 인생 후배의 사기를 꺾지 않아야 한다는 것쯤은 이미 깨우친 사람들이 면접관 아니겠습니까? 이는 마치 우리가 인근 어린이집 재롱잔치 보는 것과 같은 논리와 비슷할 것입니다.

재롱잔치를 보는 관객 그 누구도 아이들의 연기력과 단합력 등을 문제 삼지 않습니다. 보는 사람들은 그저 아이들의 참여와 등장과 행동들이 예쁠 뿐입니다. 오랜 경력자를 채용하는 경력직 면접이 아닌 이상 그들도 우리를 보는 시각은 어쩌면 새로운 세대에게 기회를 제공하는 것이 면접이라고 봅니다. 아돌프 히틀러는 거짓보다 더 큰 거짓은 쉽게 속는다고 했듯이 확신을 하려면 크게 확신해야 합니다. 그리고 거짓 답변을 하고 거짓 공약을 하더라도 자신을 속이는 거짓은 얘기가 달라짐을 유의하도록 합니다.

④ 공감하는 답변들

"그러므로 기회를 주시면 실망시켜 드리지 않겠습니다."

"선배님들의 명맥을 이어 가겠습니다."

면접을 보는 사람에게 공감을 느낀 면접관의 다음 행동은 단연 합격시켜주는 것 아니겠습니까? 특별한 결격사유가 없고, 업무적 자신감, 근거, 포부 등이 월등히 앞선 지원자를 외면한다는 것은 면접관 자신에게도 실책이 될 수 있으므로 최종적인 침착함을 선택하게 될 것입니다. 따라서 이 단계는 공감을 이끌기 좋은 단계이므로 그대들의 답변 하나하나의 완성도를 높이라고 강조합니다. 골키퍼 있어도 공은 들어가듯이, 건조한 면접관들과 훈훈한 분위기를 만들 수 있는 지원자라면 합격의 골문을 쉽게 열어갈 것이라고 생각됩니다. 각자 자신에게 해당되는 질문을 선택 후 실질적인 훈련에 도전 해 보길 바랍니다.

Q : 다른 지원자보다 나이가 많다는 것은 유리함인가? 불리함인가?

Q : 전공 선택의 기준은 무엇이었는가?

Q : 전공대비 전혀 무관한 업무를 수행할 수 있는가?

Q : 사회 경력이 중요한 이유는 무엇인가?

Q : 경력이 부족하여 불리한 입장을 인지하는가?

Q : 자신이 면접관이라면 무 경력자를 채용하겠는가?

Q : 공백 기간에 주로 어떤 생활을 하였는가?

Q : 왜 다른 진로와 경로로 진출하지 않았는가?

Q : 자신의 장애가 직무에 영향을 미칠 것 같은데 어찌 극복하겠는가?

Q : 지원서에 있는 주소가 현주소인가?

Q : 굉장히 먼 거리인데 어떻게 다닐 것인가?

03
면접 핵심논리 ③
_ 면접에 대한 고찰

　면접관 앞에서 떨리는 이유는 무엇이겠습니까? 준비가 덜 되어서, 경험이 부족해서이겠습니까? 네, 모두 맞습니다. 하지만 면접이 떨리는 진짜 이유는 자신이 평가 받는다는 점에 대한 일종의 스트레스 요소이기 때문입니다. 면접관을 마치 넘을 수 없는 장벽과 같이 생각하는 건 아닐까요? 그 짧은 시간동안 자신을 알린다면 얼마나 알릴 수 있을 것이며, 자신을 평가한다고 해서 얼마나 파악할 수 있겠습니까. 무거운 짐을 내려놓는듯한 마음으로 마치 그들과 대화를 나눈다고 생각해야 합니다. 그래야만 여러분의 제2의 혹은 제3의 잠재력이 능청스레 발휘될 테니 말입니다.

　20년을 살든 30년 이상을 살든 우린 우리의 잠재된 능력들을 인정하고 믿어야만 합니다. 예전 만화인 〈머털 도사〉에서는 이런 내용이 등장합니다. 10년 동안 누덕도사에게 배운 도술이라곤 머리털 세우는 능력이 전부였는데 알고 보니 그 도술을 배운 것은 사실 모든 도술을 익힌 것이나 다름없다는 내용 말입니다. 훗날 머털이는 자신의 머리털을 하나씩 뽑아 요괴들을 퇴치하고 세상에 평화를 안겨 주게 됩니다.

이 대목이 우리와 닮아있지 않습니까? 12년에서 15년 이상의 교육을 이수하고 누군가는 유학도 다녀오고 아르바이트, 봉사활동 경험들을 통해 머리털을 세울 수 있었다면 이젠 면접 상황에서 과감하게 뽑아 사용해야 하겠습니다.

흔히 말하는 오글거리는 답변이나 미사여구, 할리우드 액션으로 면접을 합격했다고 가정해 보겠습니다. 그러나 그런들 무슨 의미가 있겠습니까? 이는 마치 준결승전을 이겼으나 우승을 해낸 것처럼 착각을 하는 것과 같습니다. 진짜 결승전은 고객이기 때문입니다. 물론 여기서 고객은 공무원들에겐 민원인을 의미하는 것이며, 실무 단계에서 마주칠 모든 동료와 상사, 거래처 사람들까지 의미합니다. 광고 문구 중 진실은 통한다란 말이 있듯이 우린 어쩌면 당장 코앞의 면접도 중요하지만 자신이 모두를 담아낼 수 있는 그릇이 되느냐 하는 부분에서 다시금 생각해봐야 할 것입니다.

면접을 위해 얼마나 많은 시간과 땀을 흘리고 노력을 해왔는데 이토록 허무하게 돌아설 수 있겠습니까? 필자는 주로 면접 경험이 단 한 번도 없었던 완전 초보 지원자들을 자주 만나곤 합니다. 이들은 이제 곧 다가올 면접에 대한 막연한 공포로 그 불안함을 감추지 못하는 것이 대부분이었습니다. 많은 준비생들은 통계적으로 면접을 대략 2주 남겨두고 찾아오는 것이 일반적입니다. 그럼 그동안 그 오랜 세월 함께해온 자신의 습관과 특성들을 단 며칠 내에 변화시켜 달라는 논리가 되는 것입니다. 그래서 15분 안팎의 평가를 위해 지원자와 많은 이야기를 나눠야 하고 이들이 가지고 있는 고질적인 습관들을 교정해 나아가야 합니다.

대부분 처음에는 훌륭한 답변을 위해 학원을 방문하지만 이내 자신의 역량과 실체를 제대로 파악하게 됩니다. 그것도 그래야만 하는 이유가 있다면 답변 기계를 만드는 것이 아닌, 인재를 만들어야 하기 때문입니다. 어쩌면 개개인의 평생이 좌우되는 일이므로 15년 후에도 당당한 인재로 활약할 수 있어야 하지 않겠습니까?

훌륭한 조수가 되겠는가? 강력한 적수가 되겠는가?

이 말은 어찌 보면 모 아니면 도와 같은 말이기도 하겠습니다. 하지만 이 문구는 모든 것을 걸었다고 해석이 되기도 합니다. 이 회사가 자신을 몰라준다고 가정해 보았을 때 혹자는 "회사가 어디 여기쁜 인가?"라고 말할 수도 있겠지만, 진정으로 이 회사에 입사하고자 한다면 정녕 모든 것을 걸 수 있어야 합니다. 물론 불합격했을 때, 일시적으로 자그마한 복수심 아닌 복수심이 생겨날 수도 있을 것입니다. 이 말은 나를 알아주는 회사로 가야 한다는 생각이 들기 마련이라는 뜻입니다. 그렇다 한들 결과는 똑같이 나올 확률은 높다고 볼 수 있습니다. 진정 이 회사에 입사를 원한다면 스스로가 기업이 추구하는 인재상에 적합한지를 우선 고민하시기 바랍니다. 사람의 지문이 제각각 다르듯 기업들의 특성과 분위기 또한 제각각 다릅니다. 또한 기업의 목표에 자신이 합류할 수 있는지 또한 스스로 따져보십시오. 요모조모 일치하는 부분이 한 개도 없다면 여러분은 잘못된 선택을 하는 것일지 모릅니다. 부디 적수가 되겠다는 생각보다는 먼저 인재가 되시기를 바랍니다.

면접 상황에서 면접관들이 가장 많이 듣는 말은 무엇이겠습니까? 마치 연말 시상식과도 비슷한 말들이 등장하기 마련일 것입니다.

"최선을 다하겠습니다."
"열심히 하겠습니다."
"끊임없이 노력하겠습니다."

하지만 우리가 분명히 짚고 넘어가야 할 것이 있습니다. 이런 말들은 사실상 너무도 당연한 말들이란 사실입니다. 마치 연인들의 대화 중 나를 얼마나 사랑하느냐는 말에 하늘만큼 땅만큼이라고 말하는 것과 같습니다.

우린 여기서 고민해야 할 것이 하나 있습니다. 면접이 끝나는 순간까지 고민해야 할 내용입니다. 바로 다른 지원자는 무엇을 말했을까를 고민해야 합니다. 흔히들 언제까지 일할 수 있느냐는 질문에 꽤 많은 분들이 이 회사에 뼈를 묻겠다는 답변을 하고 있습니다. 따라서 다음과 같은 고민도 병행되어야 할 것입니다. 바로 비교 우위 전략입니다. 같은 답이라도 상대방을 의식할 필요가 있기 때문입니다. 이와 같은 논리라면 다음과 같이 답변할 수 있을 것입니다.

"네. 모두가 뼈를 묻는다고 말하지만, 오래 근무하는 것보다 중요한 건 어떤 성과를 기록했는가라고 생각됩니다. 그리하여 훗날 자신에게 떳떳할 수 있도록 멀리 보는 신입사원이 되겠습니다."

대부분 면접 준비생들은 다음과 같은 고민들을 이야기하고 있습니다.

"답변할 때 머릿속이 하얗게 돼요."
"더 개성 있는 답변을 하고 싶어요."

"재치와 아이디어가 겸비된 답변을 배우고 싶습니다."

"즉시 답변할 수 있는 순발력이 필요해요."

　　하지만 필자의 입장에서 보면 이들은 내용 위주의 답변 이전에, 먼저 훈련하고 교정해야 할 점들이 많습니다. 바로 이미지와 에너지입니다. 이는 보여지는 부분과 들려지는 부분에 대해선 그다지 준비들을 안 했다는 것을 의미합니다. 다시 말해 내용을 채워가고 훌륭한 답변이 완성된들 무미건조한 음성과 무뚝뚝한 표정으로 말하는 것은 그 전달력에 한계가 있다는 것이 됩니다.

　　무속인이 아닌 이상 누가 미래를 함부로 논할 수 있겠습니까? 임기가 끝나봐야 참 일꾼인지 아닌지를 결정지을 수 있는 정치인들처럼, 업무 현장에 투입되어 봐야 비로소 인재인지 아닌지 파악이 된다고 볼 수 있습니다. 교복만 입었다고 학생이 아니듯, 군복만 입었다고 군인이 아니듯, 출퇴근 한다 하여 직장인이라 할 수는 없을 것입니다. 직장인은 창의적이어야 하기 때문입니다. 해당 부서에서 주어진 환경이나 조건에 멈춰있거나 만족하는 모습이 아니어야 한다는 말과 같습니다. 따라서 자신이 면접 치르는 시점에 했던 말을 고스란히 증명할 수 있어야 하겠습니다.

　　1:1면접, 3:3면접, 3:1면접 등 면접 방식도 참으로 제각각입니다.

만일 여러분이 면접관이라면 어떤 지원자에게 관심을 가지겠습니까? 네, 그렇습니다. 매우 적극적이고 유난히 밝으며, 긍정적인 유형의 지원자에게 더 많은 관심을 갖게 될 것입니다. 어미 새가 먹이를 물고 둥지에 들어왔을 때 서로 자기에게 달라고 입을 쩍쩍 벌리는 가운데 입을 더 크게 벌리고 필사적으로 움직이는 새끼가 먹이를 받아먹을 확률이 매우 큽니다. 혹자는 면접관들이 보수적이다, 혹은 제스처를 쓰면 안 된다 또는 농담이 통하질 않는다 등의 경험담을 말하며 무난하고 튀지 않는 면접만을 고집하기도 합니다. 결론부터 말씀드리자면 농담도 어떤 농담을 했느냐에 따라 다르고, 제스처도 어떻게 했느냐에 따라 그 결과도 천차만별입니다. 튀어서 떨어지는 사람도 물론 있지만, 튀어서 합격한 사례도 적지 않다는 점을 간과해서는 안 됩니다. 여기서 절대 오해해서는 안 될 사항이 면접에서의 선제 행동은 오직 튀는 행동을 의미하는 것이 아니라는 것입니다. 더 진취적인 표정, 더 안정되고 당당한 자세와 태도, 마치 현장 리포터와 같은 생동감 넘치는 음성, 이 모든 부분에서 경쟁 우위적인 능력을 발휘하는 것을 의미합니다. 면접에 있어서 최대의 약점은 느린 반응, 작은 목소리, 어두운 표정임을 잊지 말아야겠습니다.

"답변은 생각하고 말하는 것이 아니라, 말하고 나서 생각하는 것이다."

이건 또 무슨 말인가라고 생각하시겠지만 이 말엔 매우 깊은 메시지가 담겨 있습니다. 아니, 도대체 어떻게 생각도 없이 말하라는 것인지 갑작스런 불안감이 생겨날 지도 모릅니다. 네, 맞습니다. 그런 건 처음부터 존재하지 않을 수도 있습니다. 필자는 다만 면접이 한시가 급하고 제한된 시간 안에 여유 부릴 때가 아니란 걸 강조하고 싶은 것입니다. 모의 면접 중인 어느 지원자가 어떤 질문을 받자 이런 답변을 했습니다.

"잠시 생각할 시간 좀 주시겠습니까?"

여러분이 면접관이라면 위 답변에 어떤 생각을 먼저 하겠습니까? 순발력 부족, 상황 대처능력 부족, 답변의 회피 정도로 생각하게 될 것입니다. 즉 결론은 면접관들은 기다려주지 않는다는 뜻입니다. 정말 사람이 아쉬운 회사가 아닌 이상 말입니다. 하지만 방법이 있습니다. 아주 간단합니다. 평소 양심적인 생각의 강도를 높이고 미풍양속을 해치는 비속어, 은어를 멀리 하는 습관을 갖췄다면 자신을 믿고 즉시 답변해도 그릇될 확률은 줄어들게 될 것입니다.

"놓친 고기가 월척이다!"라는 말이 존재하듯, 면접장을 나서고 나면 더 잘했을 것이라는 생각은 누구나 한 번쯤 해 보았을 것입니다. 자신이 테스트 받는 모든 상황에서 아마도 같은 생각을 하게 될 수도 있을 것입니다. 그러한 경험을 통해 우린 더 성숙해지고, 더 배워가는 것입니다. 흔들리지 않고 피어나는 꽃은 없는 것과 같은 이치입니다. 문제는 면접에서의 치명적 실수가 반복되어선 안 된다는 것입니다. 흔히 내가 왜 떨어졌는지 모르겠다고 말하는 분들이 많습니다. 그러나 그럴수록 자신의 실수를 객관적으로 분석할 줄도 알아야 하겠습니다. 훗날 합격의 영광을 안았을 때 부족했던 자신을 확실히 돌이켜 볼 수 있으니 말입니다.

면접을 글자 그대로 해석해보면 얼굴을 마주한다는 뜻입니다. 그동안 우리는 면접에서 답변에 비중을 더 두었는지도 모릅니다. 비록 5초 미만의 짧은 시간이지만 자신감의 차이가 확연히 확인되기에는 충분한 5초라고 하겠습니다. 이 시간 동안 밝은 인상과 함께 모든 태도와 움직임에 절도와 신뢰감을 풍길 수 있어야 합니다. 앉은 자세, 마주치는 시선, 분명한 어미 처리로 그 신뢰감에 가속을 올려야 합니다. 그렇게 흘러가는 시간 속에서 믿음직한 인재로 확신이 들도록 말입니다. 면접관들이 면접 후 점수를 책정하는 시간보다 첫 마디, 첫 자세, 첫 인상, 첫 표정에 의해 점수를 책정할 수 있도록 면접 초반에 점수 관리를 잘 해야 합니다.

일반적으로 면접 전반에 가장 떨리는 시간이 시작 후 5분 미만인 점을 고려하여, 모두에게 공평하기도 한 이 불편한 시간을 잘 준비해야 합니다.

만약 얼굴이나 외모로만 채용하는 회사라면 배우 지망생이나 기타 연예인들의 합격률이 높아야 할 것입니다. 하지만 회사 일이 어디 외모로만 승부하는 것이겠습니까? 물론 고객을 상대해야 하는 서비스 부서나 상담업무, 기타 고객과 직접 대면하는 일인 경우엔 결코 무시할 수 없는 비중이지만 그 외의 경우엔 업무에 임하는 자세와 능력치, 기초 인성에 많은 비중을 두게 됩니다. 이 또한 지원자들의 얼굴 표정에 고스란히 나타나 있다면 믿으시겠습니까?

필자의 입장에서 보면 지속적으로 떨어지는 지원자들의 얼굴엔 묘한 공통점이 있습니다. 이는 다름 아닌 애환이 묻은 얼굴 표정을 하고 있거나 지나치게 기계적인 얼굴을 하고 있다는 것입니다. 우린 지금 면접 상황을 직면한 것임을 잊지 말아야 하겠습니다. 하지만 여기서 말하는 표정이란 헤프게 웃고 있어야 한다는 게 아니라 안정적인 표정을 이야기하는 것입니다.

때로 면접관들은 부리기 쉬운 상대를 찾을 수도 있을 것이며 또한 마치 예전 자신의 모습을 보는 것처럼 닮은꼴 지원자를 찾아낼 수도 있을 것입니다. 하지만 면접관들에겐 사명이 있습니다. 그것은 바로 회사의 명맥을 이어 갈 인재를 찾는 것이며 먼 훗날 회사를 짊어질 수 있는 주인공을 찾는 작업인 것입니다. 모든 면에서 더 나은 언행, 더 참신한 창의력, 더 안정된 자세와 태도, 이런 모든 부문에서 뛰어난 인재를 찾는 것입니다.

"면접이 일찍 끝나면 떨어진대."
"지원동기 안 시킨대."
"면접관들이 한 번도 고개를 들지 않았대."
"마지막 할 말 꼭 시킨대."

이런 말들을 많이 들어보셨겠지만, 결론부터 말씀드리겠습니다. 결코 그렇지 않습니다. 면접에 참여한 인원과 면접 시간적 특성에 따라 나타난 여러 현상을 그대로 받아들이면 곤란합니다. 면접관들이라고 모두 의도한 행동은 아니기 때문입니다. 부디 남들이 말하는 소문에 의한 준비만 하는 경솔함이 발휘되지 않기를 바랍니다. 일어날 수 있는 모든 상황에 대비하길 바랍니다.

면접장에서 거짓말을 하는 것도 아닌데 뭐가 이리 떨리는 것일까요? 먼저, 속도 측면으로 보면 준비가 덜 되거나 절실하거나 뭔가 진실을 왜곡하는 상황에서 말이 빨라지는 것을 알 수 있습니다. 또한 이른바 자신의 약점이나 핸디캡이 될 만한 부분을 언급할 때 음성이 불안해지며 검증받는 자리가 부담스러울수록 동공의 움직임이 불안정해지기 마련입니다. 취업 준비생들이 가장 많이 훈련받는 부분 중 하나가 이 부분이며 이는 면접뿐 아니라 프레젠테이션 또한 마찬가지입니다. 이에 대비하는 훈련은 매우 광범위하므로 하나하나 일목요연하게 교정해 나아가야 합니다. 메라비언의 법칙에서 이야기하듯이 사람의 신뢰도에서 목소리가 차지하는 비중이 38퍼센트이며 거짓말 탐지기가 말해주듯 말은 급할수록 빨라지며 불안한 마음속에서 무언가 찾을 때 동공의 움직임이 시작된다는 점을 고려해야 하겠습니다.

04
인재에 대하여

바람직한 인재상이란, 새 옷을 사 입을 때 유난히 마음에 들고 편안해서 그런 옷에 더 애정이 가듯이 내 마음에 딱 들어맞는 것과 같다고 할 수 있습니다. 따라서 여러 기업에서도 각 기업마다 고유의 인재상이 존재하는 것이 사실이며, 지원자들은 자신의 강점이나 개성도 중요하지만 지원하는 기업과의 일종의 궁합이 맞을 때 더욱 이상적이라고 볼 수 있습니다. 사실 인재상이라 하면 거의 대부분 비슷한 경향을 보이는 것을 알 수 있습니다. 그럼 우선 가장 기본적인 인재상, 즉 일반기업, 대기업, 공무원 등 직장인에게 공통적인 인재상에 대해 다음과 같이 정리했습니다.

− 창의적이며 진취적인 인재

바른 인성은 기본으로, 평소 독특하고 기발한 생각과 다소 엉뚱할지언정 그 가능성에 대해 고심하고 결과와 성과로 연결시키려는

남다른 자세와 반드시 해낸다는 의지를 갖춘 인재

- 책임감이 강한 인재

칼을 뽑으면 무라도 자를 기세를 갖췄으며 말과 행동이 일치하는 인재로서 면접 상황에서도 남다른 자신감으로 무장된 인재

- 대인관계가 원만한 인재

한정된 대인관계가 아닌, 누구와의 의사소통에도 어려움이 없는 인재로 안정적인 업무 능력은 물론 해당 부서에서도 빠른 적응력을 보일 가능성이 높은 인재

- 인간미와 배려를 아는 인재

나보다는 우리를 강조하고 역지사지 정신을 늘 실천하며 동료, 고객, 기업의 입장을 먼저 생각하는 인재

- 바른 가치관이 확립된 인재

안정적이고 정상적인 가정환경에서 자라났으며 편법보다는 원칙과 신뢰를 실천하는 인재

- 예의와 신뢰를 갖춘 인재

상사를 상대하는 데 있어서 늘 일관된 마음으로 일하며 함께 있

는 것만으로도 믿음이 생겨나며 처음부터 잘하는 것보다 시간이 갈수록 점층적인 신뢰를 보이는 인재

　- 교양과 상식이 풍부한 인재

광범위한 지식과 더불어 폭 넓은 세상물정의 이해를 가진 인재

　- 전문성과 국제 감각을 갖춘 인재

최소한 자신의 업무에서는 마치 달인과도 같은 전문성을 지녔으며, 국내는 물론 세계 어느 곳에서도 기업을 대신할 수 있는 인재

　- 유연한 사고와 유머 감각을 갖춘 인재

한결같은 긍정성을 바탕으로 함께 일하는 주변의 동료들마저 밝게 이끌 수 있는 인재

　- 꾸준한 자기관리를 하는 인재

현실에 머무르지 않고 더 나은 능력을 위해 변신과 변화를 두려워하지 않는 인재

사실 매우 당연한 사항이지만 혹시라도 아직 부족한 부분이 있다면 더욱 강화하자는 취지로 정리해보았으며 다음은 그 어느 기업에서도 인정받지 못하는 대표적인 인재상을 모아 보았습니다.

- 상명하복의 중요성을 모르는 사람

상사나 동료, 심지어 고객을 마주할 때 보는 둥 마는 둥 하는 무례한 사람

- 창조보다는 모방이 일상인 사람

연구, 분석, 탐구, 조회, 비교, 경쟁과 같은 단어들과 일치되는 사항이 없는 유형으로 다른 기업의 성공사례들을 맹신하는 사람

- 부정적 사고를 가진 회의적인 사람

이른바 초를 치는 유형들로 시도해보지도 않고 무조건 안 될 거란 생각을 앞세우는 사람

- 표정과 복장 따위에 무관심한 사람

동료는 물론 고객을 상대하는 기본 에티켓의 중요성을 인식하지 못하는 사람

- 절제를 모르며 계획성이 없는 사람

회식을 예로 들자면 근무의 연장이란 생각보다는 마치 내일이 없는 사람처럼 다음날의 계획과 대안이 없는 사람

- 지각과 게으름이 반복되는 사람

📁 공무원으로서 적합한 인재상

– 공익을 최우선으로 여기는 인재

자신보다는 국민(민원인)의 편의를 우선으로 여기는 인재로, 고객이 중심인 일반 기업 인재에 반해 국가, 국민, 지역주민 등 최대 다수의 최대 행복을 기준으로 둔 인재

– 국가관, 윤리관, 직업관이 뚜렷한 인재

국가의 역사, 국가적 현황, 지역자체 특성을 간파하고 원칙을 중시하며 자신과 가족을 위한 직업이 아닌 모두를 위한 직업으로 인식하며 생활하는 인재

– 자기계발은 물론 국민(민원인)을 위한 계발에 성실한 인재

현재 진행되는 프로그램보다 더 나은 방안을 탐구하고 보급하며 과감한 업무처리 능력을 갖춤과 동시에 미풍양속에 위배되지 않는 인재

– 직렬과 역할에 대한 자부심이 강한 인재

업무적 성과도 중요하지만 국민(민원인)에게 미칠 영향에 대해 늘 고심하는 인재

- 공무원의 자세 및 금지사항에 결격 사유가 없는 인재

규정된 제도와 원칙을 거스르지 않는 인간 교과서와 같은 바른 생활형 인재

- 공무원 신조와 의무를 반드시 지키는 인재

자신이 공무원이란 사실을 간과하지 않으며 지시받은 업무에 솔선수범 및 자발적인 인재

- 봉사심과 따뜻한 도덕정신을 갖춘 인재

지역주민은 물론 마주하는 모든 이들에게 한결같은 따스함을 전할 줄 아는 인재

- 개방적 사고와 활력을 전파하는 인재

마치 인간 비타민과 같이 지칠 줄 모르는 근성을 갖춘 것은 기본이며 주변 동료들과 민원인들을 마주할 때도 변함없는 모습의 인재

- 법규를 준수하고 희생정신을 갖춘 인재

공중도덕은 물론 상황 발생 시 주저하지 않고 자신의 몸을 날리는 정신으로 일하는 인재

05
순발력 향상을 위한 3연 기법

도전 없는 성공이 없듯이 답변 없는 면접은 없습니다. 갑작스러운 면접 상황에서도 누군가는 안정되고 기발하며 당당히 말하지만, 또 다른 누군가는 면접이 끝난 후에야 뒤늦은 후회를 하기도 합니다. 많은 지원자들의 공통적이고도 불가피한 스트레스인 면접 답변에서 쓸 수 있는 기술인 '3연 기법'을 배워보겠습니다. 여기서 3개의 '연'은 연쇄성, 연상성, 연관성을 이야기합니다.

① **연쇄법** : 특정 어휘의 의미를 다음 어휘에 전달하는 수사법
② **연상법** : 연상을 유도하거나 직유법을 가미한 방법
③ **연관법** : 전혀 관계없는 구성 요소들의 의미를 빠르게 찾고
　　전개하는 방법

그렇습니다. 면접이 임박하거나 준비 중인 대부분의 지원자들은

거의 모두가 비슷한 형태의 답변을 하게 될 것입니다. 이러한 이유는 의미형 답변과 실체형 답변 중 그 쓰임새를 활용하지 않는 지원자들이 그만큼 많다는 것을 의미합니다. 예를 들어 "리모컨은 무슨 용도인가요?"라는 질문을 받는다면 여러분은 어떤 답변을 하겠습니까? 혹시 이러한 답변 하신 분 계십니까?

"가정용 주변 기기 중 하나이며 음향, 채널, 설정을 위해 사용되는 기기입니다."

이러한 답변이 결코 틀린 것은 아닙니다. 그럼 이 답변에 3연 기법을 더하면 어떤 대답이 나오겠습니까?

"네. 리모컨은 부모님이자 선생님처럼 없어선 안 될 존재입니다. 우리에게 방향을 일러주며 가장 가까운 곳에서 조력을 해주기 때문입니다. 이는 마치 자동차에선 내비게이션 같은 존재이며 캡틴아메리카의 방패 같은 것입니다. 저는 동료나 상사, 후배들에겐 준비된 동료이자 든든한 파트너가 되겠습니다. 그리하여 우리에게 꼭 필요한 리모컨 중 하나가 되겠습니다."

따라서 면접관은 단순히 리모콘의 용도를 물었을 뿐인데 이러한 내용도 나올 수 있는 것입니다. 물론 실체를 말해야 하는 순간이냐 의미를 답해야 하는 순간이냐 이 또한 각각의 환경과 상황이 다르기 마련이니 이 점에 대해 유의하길 바랍니다.

06
면접관, 그들은 누구인가?

　면접관을 무엇이라고 생각합니까? 필자는 취업을 목적으로 지원한 지원자들의 신상 설문지를 바탕으로 자사의 취업에 필요한 조사와 결격사유 등을 질문하며 합격 여부를 결정할 권리를 가진 조사원이라 칭하고 싶습니다. 사실상 합격의 열쇠를 쥐고 있는 그들을, 우리는 과연 이들을 얼마나 알고 있었습니까? 더욱 성공적인 면접을 위한 방안으로 면접관들의 모든 것을 알고 시작할 필요가 있습니다.

📁 면접관들은 누구인가?

　면접관이라는 말을 들으면, 혹자는 일차적으로 두려움의 대상으로 여길지도 모릅니다. 그 또한 당연한 것이 자신의 합격 여부와 심지어 인생의 비중을 좌우할 결정권을 쥐고 있는 사람들인 만큼 더욱 신중히 대하고 예의를 갖춰야 하며 짧은 시간 내에 긍정적인 평가를 받아내야 하기 때문입니다. 그러나 면접관들은 자신을 해치거나 무는 악의 화신이 아니라는 사실을 유념해야 합니다. 긴장감으로 인하여 필요 이상으로 벌벌 떨어가며 상대해야 할 막강한 적이 아니라는 것을 재차 강조하고 싶습니다. 동네 형이나 삼촌, 편안한 이웃 아저씨를 대하는 것 같은 마음가짐이 면접을 치르는 기본적인 마음의 요령이라고 볼 수 있습니다. 역지사지로 생각해본다면 면접관들은 목이 마른 상태라고 볼 수 있습니다.

회사에서 필요로 하는 우수한 인재를 채용하는 과정이므로 냉혹함과 객관성을 기본적으로 갖추고 있어야 할 것입니다. 이들 역시 결코 남의 집 귀한 자식들을 불편하게 하고 싶지 않은 분들이 대다수일 것입니다.

면접관들의 유형

지원자 모두가 다 같은 지원자들이 아니듯이 면접관들 역시 다 같은 면접관이라고 볼 수는 없을 것입니다. 기초 인성과 예의범절에 비중을 두는 면접관도 있을 것이고, 인재의 적합성 여부에 혈안이 되어있는 면접관도 존재할 것이며, 지원자의 가능성 여부에 초

점을 두는 면접관에 이르기까지, 그들의 유형은 획일적 시각으로 보아선 안 됩니다. 그래서 일반적인 면접관들의 모습을 다음과 같이 정리해 보았습니다.

① 신입 면접관

면접에 대한 경험이 부재한, 처음으로 면접에 임하게 되는 면접관을 말합니다. 일반적인 면접관들에 비해 비교적 젊은 외모일 가능성이 높으며 주로 하게 되는 질문은 지극히 기초적인 형태의 질문을 예상해볼 수 있겠습니다. 그 밖에 지원자 개인만이 해당되는 구분된 이력을 우선적으로 질문할 확률도 높다고 볼 수 있습니다. 하지만 아무리 신입 면접관이라 하더라도 지극히 반복적이고 학습되어버린 감각에 의하여 이들도 얼마든지 지원자들을 힘들게 할 수 있는 분들임을 간과하진 말아야 합니다.

② 중수 면접관

일차적으로 면접관으로서의 크고 작은 경험을 가진 유형의 면접관을 일컫습니다. 해당 직장 근속년수도 상당할 것이며 최단시간 내에 지원자들의 가능성 여부를 결정합니다. 또한 중수 면접관들은 이력서, 자기소개서, 사전조사서 등에 대해 상당히 꼼꼼히 살피는 특성이 있으며 지원자를 만나자마자 첫 마디부터 확인 형 질문으로 시작하는 경우가 다반사일 것입니다. 현재보다는 과거에 집착하는 경우가 많으며 사실상 모든 면접 장소에서 만나게 될 과반수의 유형이기도 합니다. 흔히 말하는 압박 질문에 능한 면접관들이므로 진실된 마음가짐으로 답변하는 것이 상책입니다.

하지만 진심은 통한다는 말이 있는 것처럼 모든 답변을 진실에 입각하여 할 때 면접 분위기 또한 더욱 안정적으로 흘러갈 것입니다. 면접관을 속이려는 생각과 속을 것이라는 잘못된 믿음은 신성한 면접을 악화시킬 수도 있습니다.

③ 고수 면접관

여러 면접관들 중 사실상 그 직장의 어른들이라고 보시는 편이 나을 것입니다. 가정에도 어른들이 계시듯, 직장에서도 어른들이 존재하며 존경받아 마땅한 대선배님들이신 만큼 예의와 존경심을 기본적으로 갖춰야 하겠습니다. 앞서 언급된 신입 면접관, 중수 면접관과 비하면 통계적으로 매섭거나 날카롭지 않은 경우가 많으며 질문 내용들 또한 업무적인 내용보다는 마치 수수께끼와 같은 궤변성 질문을 하는 경우도 많습니다. 임원 면접을 준비하시는 지원자라면 중, 장기적인 가능성을 좌우할 인재관을 발휘하시기 바랍니다. 일반적인 지원자들의 큰삼촌, 아버지뻘의 면접관들이신 만큼 진심어린 정중함을 바탕으로 면접에 임하는 매순간 절도 있고 무게감 있는 모습으로 답변하시기 바랍니다.

하지만 거듭 강조하지만 면접관들은 마음이 말라있을 것입니다. 이 말인즉 더 나은 인재를 찾아내야 하는 긴박한 마음가짐이라는 뜻입니다. 자신보다 못난 사람보다는, 자신과 똑같은 사람보다는, 자신보다 모든 분야에 앞선 인재를 찾는 것이 당연한 것입니다. 그래야 그 직장의 맥을 이어가기 때문입니다. 더 진화된 말과 행동을 훈련해야 하는 것은 당연한 이치입니다.

④ 기타 외부인사

현직 교수, 박사, 강사 등 해당분야의 특화된 전문가가 초빙되는 경우도 있습니다. 이들 외부인사 면접관들의 특성은 이른바 순차적 질문부터 외부인사 개개인의 예리한 눈썰미를 필두로 전개되는 압박 면접으로 신의 한수를 두기도 합니다. 필자 개인적 주관으로는 일반적 면접에 또 다른 변수를 이끄는 외부 인사들의 활약도 매우 가치 있는 면접이 될 수 있다고 생각합니다.

이들 외부인사에 의한 면접은 형식을 무시하는 경향이 높고 주로 현실적인 시각에 입각하여 면접을 진행하는 특성이 있으며 지원자의 실무적 감각에 비중을 두기도 합니다.

먼저 준비된 질문지를 보며 부드러운 면접 환경을 만드는 반면 지원자의 객관성, 적극성, 전문성 등에 해부학적인 모습을 보일 수 있으므로 지원자들의 입장에선 사실상 힘든 상대가 될 수 있겠습니다. 하지만 면접의 공정성 자체만으로 보았을 땐 당사의 면접관들이 간과할 수 있는 면접의 사각지대를 확인하는 형국이 되므로 면접이라는 전장에 배치된 저격수의 개념으로 이해하면 되겠습니다.

항목에 입각하지 않는 면접관은 지원자의 답변 중에 발생되는 오류나 모순 등을 즉흥적으로 묻게 되며 면접의 흐름이 일시적 정체되는 상황도 유발하게 됩니다. 그러므로 지원자들은 질문&답변 중 발생되는 수많은 변수, 복병과도 같은 질문들에 대비할 수 있어야 합니다.

예를 들면 "공무원은 희생 봉사하는 마음으로 일해야 합니다."라는 답변에는 아래와 같은 질문이 나올 수 있습니다.

- 평소 헌신적으로 노력한 사례가 있는가?
- 회피한적 없는가?
- 자발적인 봉사 활동이나 자신의 시간을 할애하여 희생한 적이 있는가?

이러한 연속적인 질문들에 대해 예측과 대비를 해야 하겠습니다.

면접관도 사람이고 사람은 기계가 아니므로 주고받는 질문과 답변 중 면접관의 태도도 달라질 수 있음을 인지해야 합니다.

비교적 형식적 면접이 연속적 상황에 의해 압박으로 돌변하게 되며 압박면접에 의해 지원자의 신뢰도가 하락할 수 있으므로 압박질문에 정중이 답변하는 감정적 페이스를 유지해야 합니다.

면접관들의 조건

　면접관, 그들은 어떠한 경로와 경험을 토대로 면접관이란 타이틀을 획득할 수 있었겠습니까? 지원자들이 간과해선 안 될 사항 중 하나가 면접관들에 대한 사전 지식과 정보입니다. 맹인이 심판 볼 수 없듯이, 말 못하는 이가 중개할 수 없듯이 가급적 면접이란 상황을 속속들이 이해할 수 있는 사람만이 면접관으로서 인정받을 수 있을 것입니다. 이를테면 자신이 지원한 부서의 역할에 관한 해박한 지식과 경험을 갖고 있고 일어날 수 있는 여러 변수들에 대해서도 예측할 수 있으며 상당 기간 인재들의 근무 자세와 행태에 대해 나름대로 통계적인 경험치를 갖춘 면접관이 실제 면접에서도 지원자들의 실력과 가능성을 분석할 수 있을 것이란 뜻입니다. 이는 한 시대를 풍미했던 금메달리스트들이 훗날 해설자의 모습으로 등장하여 경기 내용을 시청자들에게 명확히 전달하는 모습과도 비슷합니다. 또한 지원자들의 답변과 행동 하나하나에 내재된 의미를 물어 온다고 볼 수 있습니다. 단순하고도 단방향성인 답변은 어쩌면 통하지 않을 수도 있을 것입니다. 면접관, 그들도 한때는 우리들의 모습이었을 것이라고 생각해보길 바랍니다.

면접관들의 행동

탈락 경험이 많은 어느 면접 준비생이 다음과 같이 이야기했습니다.

"제가 답변할 때마다 면접관님들이 정말 빵빵 터졌습니다."

"제 옆에 있던 사람들한테는 질문도 거의 하지 않았습니다."

"제가 답변할 때마다 그렇게 좋다고 웃으시곤 왜 저를 탈락시키셨는지 모르겠습니다."

면접관들의 웃음은 무엇을 의미하는 것이겠습니까? 아니, 웃음의 종류에는 어떤 것들이 있겠습니까. 웃음의 종류는 다음과 같이 분류할 수 있을 것입니다.

- 정말 기발하고 독보적인 웃음 유도에 관한 공감형 웃음
- 예상치 못한 상황에서 비롯되는 어이없는 웃음
- 일명 사람마다 제각각 다른 웃음코드에 일치되는 경우
- 지원자가 무리수를 두는듯한 이른바 오버 행동

그러니 면접관이 웃었다고 해서 절대적으로 좋은 점수를 기대할 수 있는 것은 아닐 것입니다. 우리도 한번 다음과 같은 논리로 풀어

보면 어떻겠습니까.

①면접은 개그맨 시험이 아닙니다.
②만일 웃음을 연출해서 점수를 얻었다 하더라도 다른 지원자
가 더 크게 웃겼다면 어떻게 하겠습니까?
③면접에서 면접관의 웃음은 본의와 다를 수 있습니다.

물론 어둡고 무거운 분위기보다야 밝은 분위기가 좋지만 면접장
분위기의 수위 조절은 각자의 분위기 파악 능력이라는 결론을 내
릴 수도 있겠습니다.

고개를 숙인 면접관들을 만나본 지원자의 경우에는 이렇게 이야
기하는 경향이 있었습니다.

"아무래도 제가 이야기하는 내용들이 전혀 흥미롭지가 못한
것 같아요."
"전혀 관심들이 없으시던데요?"

우리 한번 진지하게 생각해보겠습니다. 취업난, 심각하지 않습
니까? 3D현상과 상향지원, 일단 무조건 대기업을 가야 한다는 젊
은 인재들의 전국적인 고정적 사고방식과 편견이 결국 천문학적인

경쟁률을 야기하고 있지는 않습니까? 그게 면접관들과 무슨 상관이냐 물어볼 수도 있겠지요. 대기업을 포함한 중소기업에서도 보통 면접을 진행할 땐 최소한 반나절이란 시간부터 많게는 동트는 시간부터 시작하여 저녁 여섯시까지도 끝나지 않는 경우가 있다고 합니다. 심지어 특정 연수원에 하루 전날 지원자들과 입소하여 기나긴 시간 동안 합숙을 하면서 인재를 가려내기도 한다고 합니다.

이토록 진정한 일꾼을 발굴해야 하는 막중한 중책의 임무가 맡겨진 면접관들이라 할지라도 지원자들의 지속적이고 반복적인, 진부하고 어딘가 모르게 닮아있는 답변들에 대해 순간적인 학습이 되어버리는 경우가 다반사일 것입니다.

권투 경기를 보면 알 수 있듯이 맞는 사람도 힘들지만 때리는 사람도 함께 지치기 마련입니다. 하지만 지원자들은 어쩌면 누구 하나 면접관들의 노고에는 진심으로 감사하지 않을 수도 있겠습니다. 이를테면 우리가 10분 동안 면접을 치르고 힘들었다 말하지만, 면접관들은 10시간 이상을 인터뷰하고 있을지 모르는 것 아닙니까. 면접관이 지금 이 순간 나를 보고 있지 않다 하여도 어떤 지원자인지 예측은 할 수 있습니다. 그러나 그렇다 하더라도 그들이 고개를 들도록 해야 하는 것 아니겠습니까?

그 밖에 어떤 사람은 다음과 같이 이야기했습니다.

"면접을 보는 내내 따지듯이 잡아먹을 듯이 호통을 치니까 너무 무서웠어요."

혹시 그 이유를 정말 모르는 사람은 없겠지요? 심한 압박면접을 진행하는 면접관이야말로 최선을 다하시는 것입니다. 물론 그들도 인간이라 감정 제어가 안 될 수 있는 상황도 배제할 순 없지만, 적어도 지원자들에게 무관심, 모르쇠로 일관하는 자세보다야 훌륭한 자세라고 볼 수 있겠습니다. 과거를 알고 현재를 보면 미래를 예측할 수 있듯이, 본인의 과거를 보고 현재를 알면 합격률이 나타날 것이라는 사실을 항상 유념하길 바랍니다.

면접 전에 지켜야 할 BEST 10

1. 면접 장소, 위치, 소요시간을 반드시 체크할 것

2. 밀가루, 매운 음식, 술, 등은 반드시 삼갈 것

3. 최소 6시간 이상의 숙면을 취할 것

4. 약물에 의존하지 말고 자신의 잠재력을 믿을 것

5. 불필요한 걱정과 근심의 끈을 풀어 놓을 것

6. 손수건, 빗, 세면도구 등을 점검할 것

7. 면접 장소에 가급적 일찍 도착하여 적응할 것

8. 취침 전 예상 질문에 대하여 자문자답 할 것

9. 수험표, 신분증, 각종 필수 서류를 확인, 또 확인할 것

10. 합격하는 모습을 상상할 것

면접 준비 Tip BEST 9

1. 면접은 벼락치기가 통하지 않는다

면접 당일 이토록 부족했던 자신을 발견할 것인지, 무엇이든 척척 답변하는 준비된 인재가 될 것인지 선택하길 바랍니다.

2. 말은 입으로만 하는 것이 아니라 얼굴 전체로 한다

준비한대로 읽어가는 모습과, 암기해온 모습은 누구나 쉽게 알게 됩니다. 억양, 어미 처리, 발성, 그에 맞는 적절한 표정 또한 자신의 진솔함에 날개를 펼쳐줄 것입니다.

3. 질문자보다 답변자의 목소리는 반드시 커야 한다

절도 있는 목소리에서 비롯되는 믿음직함을 갖추고 있어야 합니다. 또한 적절한 발성은 그 자체만으로도 면접관에 대한 예의이기 때문입니다.

4. 루머에 의한 준비가 아닌 모든 상황에 대비한다

소문난 잔치에 먹을 것 없다 했듯이, 소문만 믿고 면접에 임한다면 자신의 실체에 대해 이른바 멘탈이 붕괴될 수 있으므로 면접에서 발생될 수 있는 모든 상황에 유연히 대비를 해둬야 합니다.

5. 꾸며진 답변은 결국 그 답변을 또 꾸미게 된다

거짓은 또 거짓을 낳듯이 더 나은 답변을 위해 불필요한 과장형 답변은 또 다른 알리바이를 만들어 내게 됩니다.

6. 면접관들의 입장과 질문의 의도를 절대 놓지 않는다

7. 표정, 음성, 복장, 두발, 태도에 경망스러움을 제거한다

연예인과 같이 화려한 외모를 가진 지원자도 좋겠지만, 즉시 투입되어
도 즉시 업무가 가능한 자연스럽고 부담 없는 지원자도 호평을 받게 될
것입니다. 혹시 자신만이 추구하는 개성에 사로잡혀 놓치고 있는 부분
은 없는지 살펴보길 바랍니다.

8. 한숨 쉴 시간에 한 마디라도 더 훈련한다

9. 인성은 결정적이다

두말하면 잔소리 아니겠습니까. 누구라도 착한 사람과 일하고 싶을 것
입니다. 이기적이고 즉흥적이며 감정적인 지원자에겐 면접이 길어질수
록 불리할 수밖에 없습니다.

1. 자존심이 짓밟힌다면 오히려 감사하는 마음으로

혹시 지금 감정, 분노, 인내 등을 시험하고 계신 것 아닐까 생각하길 바랍니다. 그렇다면 이 또한 나에 대한 관심에서 비롯된 질문, 진짜 마음에 안 드는 지원자라면 지원자와 장시간 논쟁을 해야 할 이유가 있겠습니까?

2. 진퇴양난 질문을 받는다면 결국 모두를 포섭하는 자세로

직장 생활 하다 보면 여러 가지 상황에 직면하게 됩니다. 진퇴양난 상황에서의 결정은 실무 능력을 예측할 수 있는 척도라고 볼 수 있습니다. 따라서 무조건 침착해야 하고 면접관의 의도를 먼저 파악해야 하겠습니다.

3. 궤변 형 질문에는 한 술 더 뜨는 궤변으로

웃자고 말하는데 죽자고 덤빈다는 말이 있습니다. 면접에서 궤변 형 질문을 받게 되면 최대한 유연하고 한 박자 쉬는 마음가짐이 중요합니다.

4. 나를 의심한다면 먼저 인정하는 마음으로

면접 준비 과정에 필수와도 같은 것 중의 하나가 자신의 과거에 대하여 인정하는 자세입니다. 행여나 면접관을 어떻게 속여 보려는 행동이나 거짓 증언은 면접은 물론이거니와 앞으로의 직장 생활에서 아킬레스건이 될 확률이 높습니다. 또한 거짓으로 합격했다고 하더라도 그게 무슨 의미가 있겠습니까.

5. 도저히 이해할 수 없는 질문이라면 있는 그대로의 모습으로

6. 질문의 폭이 좁다면 이러한 질문들이 결정적이란 이해로

이른바 거두절미 형, 단도직입 형 질문을 받게 된다면 그 즉시 Yes, No 의 의사를 밝히는 것이 중요합니다. 면접관들을 상대로 답변을 지연하거나 말 돌리기의 자세로 비춰진다면 좋은 결과를 기대하기 어렵습니다.

7. 모두에게 같은 질문을 한다면 더욱 진화된 답변으로

같은 답변이라 하더라도 늘 비교 우위적, 경쟁 우위적인 답변을 구사하여 자신의 가치를 그 이상으로 끌어올려 놓는 것 또한 실력입니다.

8. 못마땅한 표정으로 묻는다면 우선 공감하는 마음으로

지나친 반감이나 다소 오버하는 모습은 바로 의심의 타깃이 될 수 있으며 부드럽고 일관된 마음가짐에 집중의 끈을 놓지 말아야 합니다. 마치 흐르는 물과 같이 안정되고 훈훈한 분위기 조성에 힘쓰도록 합니다.

9. 답변을 중단시킨다면 오히려 감사 인사로

면접관들의 입장에선 묻고 싶은 점이 많을 수 있습니다. 자신만의 주관으로 답변을 필요이상 지연시키는 경우에 답변을 중단시키는 모습은 아주 흔한 경우입니다. 적절하게 배부를 때 그만 먹어야 하는 것과 같은 이치라고 볼 수 있습니다.

10. 자신들을 설득하라는 질문에는 프레젠테이션 하는 마음으로

위기는 기회를 안고 온다고 합니다. 오히려 더 큰 발성으로 더욱 설득력을 뒷받침할 과거의 사례 등을 집중적으로 발표하여 면접관들의 결정을 확고히 다질 수 있도록 과감한 용기로 답변하길 바랍니다.

부록_도전! 황당 면접

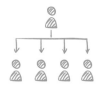

　　면접은 일종의 전쟁입니다. 우선 전쟁에서 이기려면 적의 동태를 한 발 앞서 예측할 수 있어야 합니다. 언제까지 지원동기, 자기소개만 암기하고 출전할 것입니까. 일어날 수 있는 모든 상황에 대비해야 하지 않겠습니까? 따라서 다음의 면접에서 있었던 황당한 질문들에 대답을 준비해보길 바랍니다.

- 지구의 모든 바닷물을 무게로 환산하면 몇 킬로가 되겠는가?
- 서울시 전체에 중국집은 몇 개나 될까?
- 급하게 화장실을 찾아 볼일 본 후 휴지가 없다는 것을 인식했다면?
- 자신의 생명을 가격으로 환산하면 얼마인가?
- 우리가 자네를 뽑을 것 같은가? 안 뽑을 것 같은가?
- 부모님과 애인이 둘 다 위급하면 누가 우선인가?

– 맥주와 소주, 무엇을 선호하는가?

– 어느 은행의 통장 계좌를 가지고 있나?

– 여러 지원자 중 몸값(생명)이 가장 비싸다고 생각하는 사람은 누구?

– 상황 발생 현장으로 이동 중 부모님이 응급실에 계신다면?

위와 같은 질문으로는 순발력이나 위기 대처 능력, 결단력, 인생관을 간접적으로 파악할 수 있으며 면접자의 적극성이나 문제해결 전략을 파악할 수 있습니다. 또한 면접자의 현실 인지 능력을 시험할 수 있는 좋은 기회가 된다고 볼 수 있습니다.

가끔 인격적으로 수치심을 자극하는 질문으로 일부 면접관들이 언론의 타깃이 되는 경우도 있지만 실체를 알 수 없는 수많은 지원자 중 현명한 감각을 장착한 지원자를 찾아내기엔 적합하다고 보는 경우도 있습니다.

황당 면접에는 다음과 같이 대응할 수 있습니다.

① 선택형 질문

둘 다 선택하는 것이 우선이며 둘 다 논란의 소지가 느껴지는 경우엔 반드시 제3의 답변을 하는 것이 어찌 보면 유일한 돌파구라고 보아야 합니다. 《어린왕자》에서 주인공이 양을 그려달라는 어린왕자에게 결국 양이 들어있다는 상자를 그려주듯이 반드시 대안은 있기 마련입니다.

② 뻔뻔함과 진솔함을 요구하는 질문

궤변, 말장난, 만화 형 질문, 비현실적인 질문엔 같은 유형의 답변을 하는 것이 좋습니다. 면접관들은 정답을 요구하는 것이 아니기 때문입니다. 면접자들이 잘하고 못하고의 문제가 아닌, 시도하는가, 시도하지 않는가를 보고 있는 것입니다. 그래서 늘 의도부터 생각해야 합니다. 머뭇거리는 모습이 바로 감점 요인일지 모르기 때문입니다.

③ 모르는 것을 모른다고 말하는 용기

아무리 황당 질문이라 하더라도 모르면 모른다고 얘기하고 그 이후에 알아가겠다는 의사를 당당히 밝혀 나아가면 되는 것입니다. 사실 면접관이라 한들 전지전능하겠습니까? 어떻게 제한적인 짧은 시간 안에 인간이 인간을 함부로 평가할 수 있단 말입니까?

면접장에서 면접관들이 찾는 지원자는 방법을 찾아가고 풀어가는 자세와 근성을 갖춘 분을 찾는다고 합니다. 그래서 감각이나 표정, 경험, 자세, 환경, 선택, 시간과 연습이 중요한 것입니다.